フリーペーパーの衝撃

稲垣太郎
Inagaki Taro

a pilot of wisdom

目次

◎第六章……だれでも出せる「紙のブログ」

図版制作／クリエイティブメッセンジャー

はじめに

朝、新聞を開くと、スーパーのチラシに混じって、『ニューファミリー』『定年時代』『AiDEM』が折り込まれている。街頭では、『Hot Pepper（ホットペッパー）』を配っている。駅構内のラックには『R25』『metro min.（メトロミニッツ）』『TOKYO HEADLINE（トウキョウ・ヘッドライン）』が置かれ、夕方帰宅すると、郵便受けに『地域新聞』が投げ込まれている。いずれも、いわゆる「フリーペーパー（無料紙誌）」だ。いつの間にか、私たちの身の回りに、こうした無料出版物があふれるようになった。

無料にもかかわらず読みごたえのあるものが増えてきた。場合によると、売っている雑誌より面白かったり、紙質も記事内容も高級感があったりする。無料なのにどうして内容の濃い紙面を提供できるのか。読者に買ってもらわず広告収入だけで経営は成り立つのか。インターネット全盛の時代に、なぜこの紙媒体は活気づいているのか。

筆者は新聞社の研究部門で、これらの答えを求めてきた。二〇〇五年から二年にわたり取り組んだ末の解答が本書である。

調べていくうちに、いろいろなことがわかってきた。

日本に日刊の無料紙はほとんど存在しないが、海外ではすでに一〇年以上前からタブロイド判（ふつうの新聞の半分のサイズ）の無料紙が多くの国の都市圏に広がっていた。日本でも過去にその試みがあったものの、業界の壁が厚く挫折《ざせつ》に終わっている。その一方で、マガジンタイプである月刊や週刊の無料誌が各地で数多く創刊され、相次いで消えていった有料タウン誌に代わってご当地メディアの主役の座にのぼっていた。

フリーペーパーの収入は広告のみに依存している。言い換えれば、広告主の確保が発行の絶対条件になる。フリーペーパーの利点は、想定読者を絞り、広告主にアピールすることで、広告収入を事前に確保できることだ。つまり発行前の売り切り制である。有料誌のように、本屋で店ざらしにされ返品される心配がない。

さらに、読者に配る方法と場所がフリーペーパーの成功の鍵を握ることがはっきりしてきた。広告効果が問われるため、想定読者へ確実に届けなければならないからだ。別の見方をすると、配る場所と方法さえ間違えなければ、だれでも広告主を見つけて収益を上げられる。だれもが自由に参入できるビジネスモデルなのだ。

フリーペーパーは、有料を前提にした出版業界の経営のあり方に大きな影響を及ぼす悪魔なのか。それとも、大量の情報を流すデジタルメディアに対抗する紙媒体の救世主なのか。その答えは、本書を読み終わってから見つけていただきたい。

第一章　異業種出身の成功者たち

1　フリーペーパーとは？

広告収入で経営が成り立つモデル

フリーペーパーをひと言で表現するなら、「無料で配られる印刷物」だろう。しかし、日本のフリーペーパー業界では、広告収入だけで経営が成り立っているものをフリーペーパーと呼んでいる。宣伝用のパンフレットや企業PR用の配布資料、新聞に折り込まれる販売促進用のミニコミ紙も、フリーペーパーとは一線を画して考えられているのだ。さらに、掲載される内容は広告だけでなく、一般記事が全体のなかで一定の割合に達していることも条件にしている。発行主が読者に伝えたいメッセージがあってこそのフリーペーパーだからだ。筆者もその考え方に賛同する一人である。

二一世紀に入り創刊ラッシュ

サンケイリビング新聞社など新聞社系のフリーペーパーを中心に発足した日本生活情報

紙協会（ＪＡＦＮＡ）が、現在日本で唯一のフリーペーパー業界団体と言えるだろう。

このＪＡＦＮＡが発行する『日本のフリーペーパー２００６』によると、二〇〇五年の時点で発行されているフリーペーパーは、九五〇社、一二〇〇紙誌、二二四五版、二億九三七五万一八八〇部にのぼった。その内訳は、新聞タイプが六九七紙、一億六五六一万六三四一部、雑誌タイプが四二二誌、九四五八万六五五四部、その他・不明が八一紙誌、三三五四万八九八五部だった。その七年前の一九九八年では、新聞形態のものを対象としたデータしかないが、四七七紙、七八八三万部だった。

二一世紀に入って、フリーペーパーは雑誌タイプを軸に爆発的な創刊ラッシュを迎えている。一九七〇年代の一五四紙誌から、八〇年代三四〇紙誌、九〇年代四四一紙誌を経て、二〇〇〇年代は〇五年までだけで六三七紙誌にのぼっている。とくに〇五年は一五四紙誌と最大のピークを記録した。なかでも雑誌タイプは一一五誌創刊されており、日本におけるフリーマガジンブームを物語っている。

フリーペーパーは他の媒体にくらべて、どれくらい読まれているのだろうか。

ビデオリサーチが〇六年一〇月に行った第六回全国新聞総合調査（J-READ）によると、

「三カ月間に何らかのフリーペーパーを読んだ人」の割合は六六・五％。このうち三〇代の女性は八二・八％に及んだ。インターネット利用者（一週間の利用経験）六四・三％やラジオ聴取者五二・三％、雑誌閲読者六七・六％とくらべても、フリーペーパーの媒体到達力は、マス四媒体（テレビ、ラジオ、新聞、雑誌）やインターネットと同等であることがわかる。

フリーペーパーは、さまざまな形態や発行形式を持つ。こうした特性から、JAFNAはフリーペーパーを「コミュニティーペーパー」「ターゲットメディア」「ニュースペーパー」「タウンペーパー（マガジン）」「広告マガジン、クーポンマガジン」の五種類に分けている。

筆者はもっとおおざっぱに、①コミュニティーペーパー、②ターゲットマガジン、③ニュースペーパーの三つに大別する。コミュニティーペーパーは住宅地での全戸配布型生活情報紙誌であり、ターゲットマガジンは読者を切り分けた嗜好《しこう》別情報紙誌、ニュースペーパーは報道系という分類である。

主婦向けの宅配が主流

コミュニティーペーパーは、一定のエリア、とくに住宅地で、地域情報を読者に提供する。主なターゲットを家庭の主婦層に置いて、生活に根ざした紙面づくりをしている。配布方法は新聞折り込み、もしくは独自の組織による全戸宅配。紙面サイズは、ふつうの新聞のサイズの半分であるタブロイド。発行回数は週一回が主流だ。

一九七一年に創刊された産経新聞系の『サンケイリビング』と東京新聞・中日新聞系の『ショッパー』が代表例である。『サンケイリビング』はフランチャイズ方式で全国に二〇社、五八エリア版を展開している。『リビングかごしま』を出している南日本リビング新聞社は、もともとは独立資本系で、合併前の旧鹿児島市内で九七％の宅配率を誇っている。『ショッパー』は、三つの会社が同じ題字のフリーペーパーを、首都圏、名古屋市及びその近郊、静岡市・浜松市などで、それぞれ発行している。

このほか、首都圏の公団住宅を配布対象として六八年に創刊された『ザ・ファミリー』、千葉県内で独自の宅配組織を持つ『地域新聞』、北海道旭川市内の全世帯の九〇％に配る『ライナーネットワーク』など、独立資本系でも健闘しているところがたくさんある。

的を絞ったターゲットマガジンが元気

ターゲットマガジンは、読者の年齢、階層、職域を絞って広告主にアピールする。流行に敏感で消費性向の高いＯＬ層を対象にしているものが多い。持ち運びやすいＡ４判、月刊のマガジンタイプが多くを占めている。

ターゲットマガジンに入る職域紙の分野でもサンケイリビング新聞社が先行した。一九八四年、オフィスに直接配達するＯＬ紙『シティリビング』を創刊、現在は全国主要八都市で計六六万部を配布している。東京ニュース通信社の『東京パノラマ』、ぱどの『L'ala Pado（ラーラぱど）』などがこれを追いかけた。

二〇〇四年七月には、二五歳から三四歳までの団塊ジュニア男性をターゲットにしたリクルートの『R25』が登場、「〇円週刊誌」のキャッチコピーで大々的な宣伝を打った。政治や経済など硬い話題をかみ砕いて解説し、地下街の人通りの多い場所にラックを設置して読者にピックアップさせる配布方法をとっている。

〇三年、東京の地下鉄主要駅構内のラックに利用者向けのフリーマガジン三誌が顔を揃

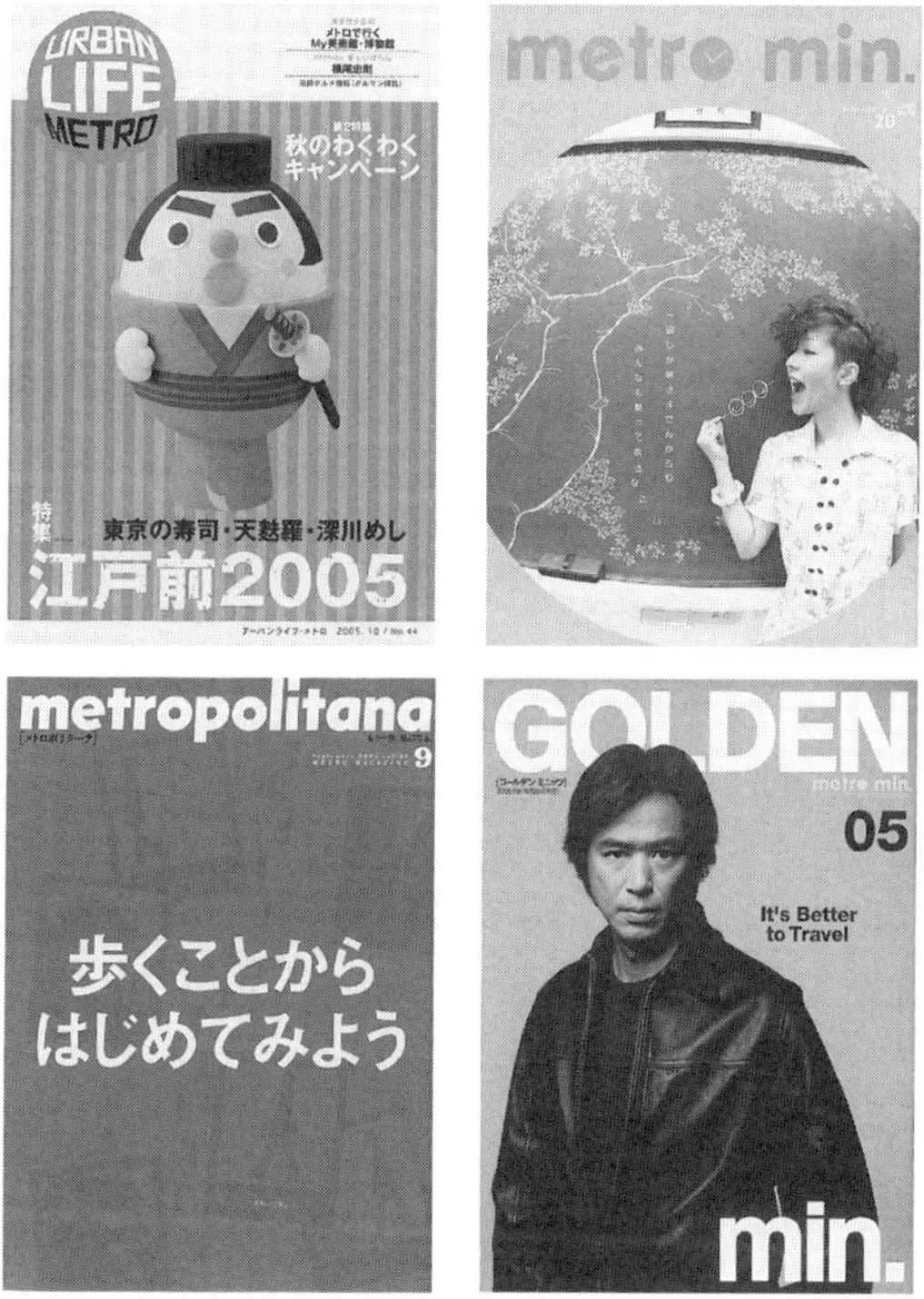

東京メトロにいち早くお目見えした四誌

えた。メトロ アド エージェンシー発行の『URBAN LIFE METRO（アーバンライフ・メトロ）』は隔月一日発行、高齢者も含む幅広い年齢層を対象にしている。産経新聞社の『metropolitana（メトロポリターナ）』は毎月一〇日発行、二〇代のOL向け。スターツ出版の『metro min.（メトロミニッツ）』は毎月二〇日発行、二〇〜三〇代のサラリーマン及びOL向けと、読者層と発行日をずらして棲《す》み分ける。〇六年五月には『メトロミニッツ』に加え、五〇代向けの『GOLDEN min.(ゴールデン・ミニッツ)』を創刊。さらに〇六年一〇月、東京メトロは、新たに改札口内に白い共用専用ボックスを置き、『ぱど』や『escala(エスカーラ)』など一八誌を追加した。

地方に根づく三紙、日本版『メトロ』の挫折

最後に、ニュースペーパーに分類されるフリーペーパーは、数が少ない。滋賀県の『滋賀報知新聞』は一九五五年の創刊。県内の一部地域で二万四〇〇〇部を日刊発行、複数の新聞に折り込んで配布している。北海道北見市・網走市を牙城《がじょう》にする『経済の伝書鳩』(八三年創刊)は週六日の全戸宅配。時事通信社からの配信ニュースとテレビ欄のほかに、網走地域内で死亡した人すべてをカラーの顔写真入りで掲載するというユニークな紙面づくりをしている。

二〇〇二年七月には、東京首都圏で初の日刊のニュース紙『HEADLINE TODAY(ヘッドライン・トゥデイ)』が登場した。スウェーデンを発祥地として欧米各国を席巻してい

る国際的なフリーペーパー『metro（メトロ）』の日本版がついに登場したと騒がれたが、同紙はまもなく経営が行き詰まり、四カ月後の一一月に『TOKYO HEADLINE（トウキョウ・ヘッドライン）』と紙名を変え、週刊に転じた。〇三年二月以降、産経新聞社から国内記事の配信を受けている。日刊無料紙発行に挑戦し、挫折した同紙の経緯については、第五章で詳述する。

2　創業者三人の軌跡

ギネス登録を果たし、初の上場

元気なフリーペーパーの力の源はどのようなところにあるのか。『ぱど』『地域新聞』『月刊ぷらざ』という三つのフリーペーパーについて、創業者から聞いた発行までの経緯を紹介する。いずれも、一から事業を立ち上げ、配布エリアを拡大し、部数を大きく伸ばして注目されている独立資本系・全戸宅配型フリーペーパーの代表である。

広告・クーポンマガジン『ぱど』は一九八七年一〇月の創刊。二〇〇一年に発行部数一〇〇〇万部を達成し、ギネスブックに登録された。同じ年に、独立資本系のフリーペーパーとしてははじめて、株式市場ナスダック・ジャパン（現ヘラクレス）に上場している。判型はAB判の左開きで、文章は横組み。インターネットのアドレス表示などに有利なスタイルをとっている。現在は北から仙台、首都圏、静岡、浜松、関西圏、岡山、広島で発行。四万世帯から六万世帯までを一つのエリアとし、全国で二〇〇のエリア版をつくり、家庭に直接配達している。

創業者の倉橋泰《ひろし》社長は京都大学大学院工学研究科を卒業して大手機械メーカー、荏原《えばら》製作所に就職した。八三年、米国ロサンゼルスの関連会社に出向したときの体験が、技術部門とは畑違いのビジネスへ転身するきっかけになった。

自宅に新聞の定期購読を勧誘するセールスの電話が入った。「英語の勉強になるかもしれない」と思って契約し、それを米国人の同僚たちに話したところ、「新聞なんて水曜と日曜に買えばいい」と笑われた。「ニュースはテレビで充分。新聞はクーポン券のチラシがどっさり折り込まれる水曜と日曜だけ買いにいけばいい」というのだ。よく聞いてみると、ホワイトカラーの同僚四十数人のうちでも、新聞を取っているのは八人だけだった。

『Penny saver（ペニーセイバー）』という地域のフリーマガジンに出合った。「車売ります」「服買います」といった個人による売買情報から、店の宣伝、割引クーポン券までが、一〇〇ページにわたってぎっしり詰まっていた。「米国で起きたことは一〇年後、一五年後、日本でも必ず起こる」と踏んだ。

帰国した八五年、プラザ合意で円高が進み輸出産業は大きな打撃を受けた。荏原製作所も主力工場の生産ラインが止まり、仕事がなくなった。米国滞在中の経験を思い出して調べてみると、日本の新聞折り込みチラシの広告料金は、各社横並びで思いのほか高いことがわかった。『ペニーセイバー』のようなフリーペーパーを発行すれば、日本でもビジネスになるのではないか。広告料金は二、三割安い設定でも充分に採算が取れる。そう考えて、社内ベンチャーとしてフリーペーパー事業を提案した。

上層部から突きつけられた条件は「出資者を見つけること」だった。大手印刷会社などの出資を取りつけて、社内の新規事業第一号に選ばれた。パソコン利用の簡易出版システム、DTPのカタログを集め、二〇〇種類のエリア版をつくり分けるコンピューターソフトを自ら開発した。「Personal Advertisement」を略して「ぱど」と命名し、横浜から発刊した。八七年のことである。

新たな出資者を探し、会社から独立

ＤＴＰの設備やソフト開発などの初期投資には、予想以上の費用が必要だった。創刊したものの、広告はなかなか思うように集まらなかった。

二年半をかけてようやく単独月間黒字を達成したとき、荏原製作所の社長が交代、『ぱど』は子会社整理の対象とされた。新しく就任した社長に直談判で事業の継続を訴えたが、受け入れられなかった。倉橋氏は九二年、新たな出資者を探し、独立する道を選んだ。

新しい出資者を得て、一気に決断できる体制に変わったことが結果的によい方向に作用し、『ぱど』の売り上げは伸びはじめた。本拠の横浜から、配布エリアを広げた。東京首都圏には直営方式で、関西圏など遠隔地に対してはフランチャイズ方式で歩を進めた。

『ぱど』は原則、毎週（一部地域は隔週）金曜日に発行される。読み物記事は少なく、エリア内の商店やサービスの広告情報を満載している。読者のターゲットは「自宅中心で生活している人」。「想定読者が主婦とは限らない。自分から何かが欲しいと思って街に出かける人々は専門の情報誌を買うが、そうではない人々の多くは、今すぐ欲しいものは思い浮かばなくても、情報に接したうえで欲しいと感じる。そんな人々の潜在的な需要を掘り起こすことを狙っている」という。

九七年にはターゲットをOL層に絞った「オフィス版」を創刊した。二〇〇三年に『L'ala Pado（ラーラぱど）』としてリニューアル創刊し、四一万部を二七〇〇社の職場に配布している。

団地の編集室から夫婦の二人三脚

『地域新聞』は一九八四年の創刊。千葉県の東葉地域を中心に発行地域を着実に広げ、二〇〇七年一〇月現在は同県内で四五地域版、埼玉県内で四地域版、計一六四万五九七五部を出している。発行日は毎週金曜。カラーのタブロイド判で、四ページの地域もあるが二〇ページの地域もある。フロント面には必ず二つの地域情報記事を掲載する。記事は各エリアに配置するパート契約のライターが書いたものだ。

地域新聞社の近間之文社長は北海道小樽《おたる》市出身。東京の体育大学を卒業後、体操の指導者を幼稚園に派遣する会社で八年働いたが、「三〇歳までに独立する」という夢の実現をフリーペーパー事業に賭《か》けた。取材も編集も広告取りも、なんの経験もなかった。『サンケイリビング』などを教科書にした、見よう見まねでのスタートだった。

創刊時の会社の名称は八千代地域新聞社。千葉市花見川団地の自宅の四畳半を「編集室」に、二万二〇〇〇部を週一回、周辺の住宅に戸別配布した。近間氏がバイクで広告を取りに回る間、夫人の久子さんが幼子を背に、配達員との連絡や電話取りをした。

親から借りた元手の二〇〇万円は、印刷代や配達員への給料ですぐに消えた。週一回の発行費用が二八万円、収入は広告一つの一八〇〇円だけ、ということもあった。家のコメが底をつき、創刊の年の大晦日《おおみそか》は、親元から送られたコメに味噌をつけて食べ、飢えをしのいだ。「初心を忘れないように」と、近間家の大晦日の食卓には、今も必ず味噌おにぎりが並ぶ――そんな苦労話を久子さんは「地域新聞物語」として小冊子にまとめている。

『地域新聞』は、①地域への密着、②エリアの細分化、③手配り、を戦略の三本柱にしている。同社の強みは、広告代理店を通さず、地域広告を自前で獲得するノウハウを築いてきたことだ。夫婦二人で切り盛りしているような小さな店の一つひとつを、飛び込みの営業でお得意先の広告主にしてきた。小さな店は忙しいから、事前に電話で面会の予約を取ろうとしても嫌がる。だから、飛び込みのほうが有効なのだ。エリアの業種ごとに集めた情報を事前に用意し、店の営業の実態に合わせ、「こんな広告を打ったら、これだけ売り上げが伸びますよ」と働きかける。相手の身になった、いわゆる「ソリューションのレベルの営業」を大切にしている。

二〇〇二年の実績だとして、近間氏は大新聞との比較をしてみせた。『地域新聞』の本拠地である八千代市での朝日、読売、毎日三紙の配布部数は計五万一七〇〇部、全世帯への普及率は七三・五％。これに対し『地域新聞』は六万三七〇〇部、世帯普及率九〇・五％だったという。当時、千葉県内に競合するフリーペーパーは一七紙誌あったが、『地域新聞』が発行されている三一のエリア内での広告掲載件数は、同紙が全体の五二％を占めたともいう。〇四年から一年に四店舗のペースで出店を計画、一〇〇〇万部発行を目指している。また〇七年一〇月、ヘラクレス市場への上場を果たした。

印刷業者がつくったビジネスモデル

『月刊ぷらざ』は一九八七年、佐賀市で印刷会社を経営する宮地敏昭氏が創刊した。佐賀市内のほぼ全世帯に配られているとはいえ、単独では小規模な部類に属するこの媒体の特性は、全国各地の印刷業者らにフリーマガジンのノウハウとビジネスモデルを提供し、彼らを組織して全国的なブランドに育ててきたことである。

創刊のきっかけは、市内の広告主二〇〇人に対する面接調査で、チラシ広告への不満が強いことだった。「印刷代と折り込みの料金が高すぎる」「市内の主婦の八五％が共働きで、チラシを折り込んでも、朝、読んでもらえず、すぐ捨てられてしまう」というのだ。

当時、佐賀市内の世帯数は約六万五〇〇〇。市内に配られていた新聞五紙に折り込むと、複数紙の併読者がいるため一〇万部を印刷しなければならなかった。

そこで、チラシを冊子にまとめて発行し、市内全戸に無料で配布することを思いついた。A４判の美しい全ページカラー印刷のフリーマガジンスタイルにすれば、単体のチラシよりも、しばらく家庭のテーブルに置いてもらえるのではないか。それによって、県外の資本に押され気味の地元商店街に貢献することが、地域に生き残る印刷会社の使命ではないかと考えた。

広告料金は「新聞折り込みチラシの半値」で交渉した。懸賞チラシを配り、応募した四〇〇〇人のなかから「セールスレディ」を採用した。誌面の冒頭に地域のニュースを置き、店の紹介や観光案内が続く。真ん中には一カ月分のテレビ欄を入れた。この試みは読者に歓迎され、『月刊ぷらざ』は現在一二〇〜一三〇ページを確保し、佐賀市内の八万五〇〇〇世帯に無料で配られている。

「すき間」狙い九県で一一誌

『月刊ぷらざ』のビジネスモデルを参考にしようと、全国各地から小さな印刷業者が見学に訪れた。美しいカラー印刷ができるドイツ製の高性能印刷機は約一億円もするため、一社だけで買うのは難しいが、同じ地域の何社かがまとまって購入すれば、チラシのフリーマガジンを共同発行することができる。このアイデアを実現するため、一九九一年、宮地社長が会長となって全国ぷらざ協議会（本部・佐賀市、事務局・東京）を誕生させた。

新規発行は「一地域一誌」を原則とした。会員同士の競合を避けるためだ。見本誌の提供や広告主の共同受注、宅配ルートの創設支援をすることによって、会員を後押しするのが協議会の使命だ。定期的に研修会や先進地視察も行っている。

ＤＴＰが一般に普及し、受注が減って苦しい経営を迫られていた小さな印刷業者たちが、この事業に次々と名乗りを上げ協議会に加盟した。これまでに佐賀、大分、福岡、山口、岡山、岐阜、長野、群馬、茨城の九県で計一一誌が創刊された。「ぷらざ」のタイトルやサイズ、発行形式などの縛りはない。週六回発行している北海道北見市のニュース紙『経済の伝書鳩』や帯広の月刊無料誌『しゅん』も会員である。

リクルートや角川書店など大手資本の情報誌が発行されている大都市は避け、「すき間」を狙って小さな地方都市で発行している。このため、記事は年齢別、趣味別にターゲットを絞ることができず、広告は業種を問えない。勢い、多くの誌面には「ごった煮」の香りが漂っている。

ほとんどが異業種からの転身

『ぱど』の倉橋氏は米国での生活体験からヒントを得て、社内ベンチャーを起こした元技術者だった。『地域新聞』の近間氏はスポーツ関係業界からの転身。全国ぷらざ協議会を立ち上げた宮地氏は印刷業界からの進出である。共通しているのは、新聞や雑誌など、いわゆるジャーナリズム界の出身者ではないことだ。筆者はほかにも多くのフリーペーパー経営者に取材したが、そのほとんどが異業種からの参入者だった。

彼らはフリーペーパーをビジネスと考えており、読者へのサービスは意識しこそすれ、ジャーナリズムを標榜《ひょうぼう》するなど、社会を動かすメッセージを込める使命感は、ほとんどないと言ってよい。

フリーペーパー事業を立ち上げる際に肝要なのは、地域広告やターゲット広告の確保と、読者の手に届ける搬送・配布手段である。記事編集にかける費用は、これら二つが成り立ったところから捻出《ねんしゅつ》される。もちろん、読者が歓迎する記事がなければ広告は集まりにくいという側面もある。紙面における記事と広告のバランスが拮抗《きっこう》し、双方が高い質と量を競い合う緊張関係が理想的な紙面といえるだろう。しかし、まずは広告確保と搬送手段の確立が経営の鍵を握る。

広告確保の近道の一つは、新聞折り込みのチラシ広告に集中している地域広告を引き寄せることである。新聞チラシの広告主を安い料金で奪い取ることからスタートし、さらに細やかなマーケティングで新しい地域広告の需要を掘り起こす。こうした営業活動が地元の商店街を活性化させるとともに、消費者の財布のヒモをゆるめさせる効果をもたらしてきた。なかでも人口集中によって新しい商圏が見込まれる首都圏周辺の新興住宅地では、多くのフリーペーパーが新たな地域広告の需要を狙って激しく争っている。

「ただ読み」拡大の懸念と歓迎論

フリーペーパーの伸張を、有料紙媒体を発行してきた新聞業界と出版業界はどのように見ているのか。

新聞を発行、配達する立場から見ると、若者を中心とする新聞を購読しない「無読層」の拡大に拍車がかかる恐れがある。娯楽情報は無料で、一般ニュースはテレビとインターネットから、地域と生活の情報はフリーニュースペーパーから得る、といった生活スタイルが、若者の間に浸透しつつあるからだ。ニュースの背景を深く追究した記事や解説は見過ごされ、新聞が持つオピニオン形成への影響力は急速度で落ち込むかもしれない。

新聞は、テレビの登場やインターネットの普及のたびに、その存在意義を問われながらも、なお信頼されるメディアとして生き残ってきた。しかし、遅かれ早かれ読者の世代交代に見舞われるかもしれない。また、第四章で紹介するように、海外でタブロイド判の無料新聞が破竹の勢いで創刊されていることを踏まえると、専売店の宅配に依存した日本の新聞のビジネスモデルが安泰とは言い切れない。

ターゲットを絞って趣味性の強い雑誌を売る出版社にとっても、フリーペーパーはやっかいな存在だろう。次章で詳述するが、とくに雑誌を中心にした出版不況は深刻さを増している。町の本屋は相次ぎ店じまいし、出版取次会社に依存した書籍店ルートでの販売方法に翳《かげ》りが見えつつある。これに対し、フリーペーパーは、配布場所を自由に選び、ターゲット読者に確実に配れる特性があることから、大手広告主からの注目を集めはじめている。

一方、楽観論があるのも事実だ。紙から情報を入手しなくなってきた若い世代が、フリーペーパーを読むことを通じて、新聞や雑誌、本など印刷された活字を読む習慣を取り戻していくのではないかとの見方である。

また、携帯やインターネットの弱点を補う機能をフリーペーパーが担ったとの分析もある。フリーペーパーの創刊ブームは携帯ネットサービス開始の時期と符合する。携帯は情報へのアクセスを飛躍的に簡便なものにしたが、小さな画面で伝えられる情報量には限りがある。たとえば洒落《しゃれ》たレストランの店内の雰囲気など、リアルで詳細な情報を伝える役割はフリーペーパーの仕事になったというのだ。

無料で紙媒体を配るビジネスは、インターネットと同様に、既存のメディア産業にとっては、現代の情報社会で必然的に開けられてしまった「パンドラの箱」かもしれない。忌み嫌ってモグラ叩きをしてもなくなることはないし、過去のビジネスモデルを都合よく利用できるという期待をもっても裏切られるだけだろう。今求められていることは、このビジネスモデルの本質を理解し、いかに活用するかである。

第二章　フリーマガジン大国・日本

1　無料誌ブームの主役リクルート

不振にあえぐ有料誌

書籍、雑誌の不振に出版業界があえいでいる。Amazon.com（アマゾン・ドット・コム）に代表される本のネット流通ビジネスに押されて、書店の売り上げは急落した。なかでも雑誌の売り上げ不振は深刻だ。かつて地方都市の文化を担った有料タウン誌がここ数年、次々に姿を消している。無料のクーポンマガジンに飲食店情報などの地域広告を根こそぎ奪われた結果である。書店も中小規模店の閉店が相次いでいる。

一方、無料誌（フリーマガジン）は創刊ラッシュの渦中にあり、皮肉なことに、出版業界の一部では生き残り策として注目されだしている。一部の書店は、雑誌販売の呼び水として無料誌を店内に置きはじめた。出版社と書店をつなぐ大手出版取次会社さえもが無料誌の発行に乗り出しているのだ。

有料誌の売り上げ低落は深刻だ。出版科学研究所の調査によると、二〇〇六年の出版物販売額は書籍・雑誌合わせて二兆一五二五億四〇〇〇万円で前年比二・〇％の減。販売冊数は三四億五四二三万冊で四・四％の減だった。このうち雑誌の販売額は一兆二一九九億六〇〇〇万円で四・四％の減。九年連続の減少となった。販売部数は二六億九九〇四万冊で六・一％の減。返品率は前年比一・六ポイント増の三四・五％だった。

同研究所では雑誌の不振の原因について、中小書店の廃業や、インターネットとフリーペーパーの普及を挙げている。

中小規模店を中心に多くの書店が苦境に陥っている。

全国の書店の約四割と取り引きする出版取次会社、トーハンがまとめた〇七年度版『書店経営の実態』によると、同社と取引のある全国一七一企業四五〇店の平均売上高伸長率はマイナス二・二％で、一二年連続のマイナスとなっている。売上高伸長率を書店の売り場規模別に見ると、三〇一坪以上が〇・七％マイナスに転じたのに加え、二〇坪以下はマイナス一一・七％も落ち込んでおり、小規模書店の惨状がうかがえる。

売り上げの減少に見舞われた小規模店は現実に次々と姿を消している。

出版社アルメディアの調査によると、売り場面積を公表した全国の書店数は、〇一年五月時点で一万七二一六店だったのが、〇七年五月には一万五四七二店にまで、一七四四店減っている。平均売り場面積が七三坪から八九坪に増加していることを合わせて考えると、大型書店が増えた一方、多くの小規模店が店じまいしたことがうかがわれる。

無料誌の創刊、発行部数は増えるばかりだ。ＪＡＦＮＡが〇五年一〇月に行った全国フリーペーパー実態調査によると、無料誌は四二二誌、九四五八万六五五四部にのぼり、前回の〇一年調査結果二八三誌、五七六三万二五六〇部から大幅に伸長している。二〇〇〇年代に入ってからの無料誌創刊は三八八誌。前章でもふれたが、とくに〇五年はこの年だけで一一五誌が登場している。無料誌創刊の勢いは今後も数年は続き、フリーペーパーの主流は新聞タイプからマガジンタイプに取って代わられると予想されている。

『R25』発行前に入念な調査

空前の無料誌ブームを引っ張るのはリクルートだ。首都圏で六〇万部を発行しフリーマガジンの代名詞を独り占めしている『R25』に加え、二〇〇六年一一月にF1層（二〇～三四歳の女性層）の二五歳以上を狙った『L25』を創刊した。やはりF1層をターゲットにし、〇七年八月時点で全国四九版、合計五六五万部にのぼる月刊クーポン無料誌『Hot Pepper（ホットペッパー）』を合わせた三誌で、若者市場を広くカバーしている。

まず『R25』のコンセプトは、どのようにしてまとめられたのかを検証する。

二〇歳から三四歳までの男性群であるM1層のうち、二五歳以上の「団塊ジュニア世代」に向けた無料誌の創刊プロジェクトがリクルートで動きはじめたのは〇三年一〇月のこと。藤井大輔編集長ら創刊チームは、この世代の男性約一万人を対象にしたインターネットによるアンケート調査（定量調査）に取りかかった。回答から浮かび上がったこの世代の特徴は、本人の所得は少なくても親と同居している者が多いため、可処分所得が意外と多いこと、また、あまりテレビは見ておらず新聞を読んでいないということだった。広告主にとっては、魅力的だがアプローチしにくい層である。「新聞を読んでいますか」という質問には、五六％が「読んでいる」、四四％が「読んでいない」と答え

団塊ジュニア男性をターゲットにするリクルートの『R25』

た。

次にこの年齢層の男性を二〇〇人ほど集め、いくつかのグループに分けて、インタビュー調査（定性調査）を行った。「新聞は読んでいますよね」と聞くと、ほぼ全員、「もちろんです」と答える。「何を読みますか」と聞くと、半分くらいが「日本経済新聞」と答えた。では、いったいどのくらいの時間をかけて新聞を読んでいるのかを尋ねたところ、「五分間」「見出しだけざっと」「仕事に関係のあるところだけ読む」という頼りない答えが返ってきた。要するに、「ネクタイを締めた気持ちで答えている自分は二、三割増しの自分」（藤井編集長）なのだ。経済情報を読みこなし、仕事に生かすといったところが彼らにとってビジネスマンとしての理想像だったが、現実はあまり新聞を読んでいなかった。

「オン」から「オフ」へのすき間

さらに同じ時期に行った別の調査で、この年齢層の二百数十人を対象に、朝から晩までの行動やメディアとの接触状況を聞いた。その結果わかった彼らの日常生活のパターンは「朝はぎりぎりまで寝ていて朝食も取らずに家を飛び出し、コンビニや立ち食いの店で朝食を取り、満員電車に揺られて出社すると、すぐに仕事。帰りはコンビニで夕食を買い、帰宅するとテレビとパソコンの電源をオンにし、テレビをつけたままパソコンで一時間か二時間遊んで、風呂に入って寝る」というものだった。朝食を取りながら新聞を読むのは四〇代以上の習慣であり、団塊ジュニア世代の場合、一日のどこにも新聞をじっくり読む時間帯はなかった。

調査にもとづき、情報への接触態度によって彼らを五つに分類した。①新聞を毎日読み、情報を咀嚼《そしゃく》する力がある人たち（全体の二〇％）、②好奇心旺盛だが、学生気分が抜けず、新聞情報は必要ないと感じている人たち（同一〇％）、③新聞やテレビ、ネットで大量の情報に接するが咀嚼力がなく消化不良である人たち（同五〇％）、④新聞では情報が遅いと感じ、ネットで自分が欲しい情報をいち早く入手したいと考える人たち（同一五％）、⑤結婚して仕事と家のことにしか関心が向かず、情報に興味を失った人たち（同五％）である。

つまり、前記の「二、三割増しの自分」を装う人たちが③に当たる。新聞を読まなくてはいけないと思っていても実際は読んでおらず、一方で不安を感じている。この層が五割もいるのだ。

この世代にアプローチできる時間帯は「帰りの電車の中」しかないこともはっきりした。彼らの意識はオン（仕事）のときは会社の仕事のことしか頭にない。オフ（プライベート）になると趣味など個人的な遊びの世界にいってしまう。つまりオンからオフに切り替わる帰りの通勤電車内こそ、世の中の普遍的な問題に彼らの関心を集めるのに有効な時間帯だった。ライバルになる存在として携帯電話や中吊り広告があるが、週に一回なら、やや硬い記事も読んでもらえるのではないか、と考えた。

発行日を木曜にしたのも、一週間のなかでのオンからオフへの切り替え日に合わせた結果だ。休み明けの月曜は気分がブルーだし、金曜になると彼らの頭のなかは週末のプライベートでいっぱいになってしまうからだ。

記事は政治、経済、国際、事件など硬いニュースのキーワードを、「そもそもなんだっけ？」という視点でやさしく解説するものにした。記事一本の長さは約八〇〇字。地下鉄ひと駅分の平均移動時間になる二分間で読み切れる長さだ。後ろのページに進むにしたがって、記事の内容はコンビニやテレビなど生活情報的なものに移る。これも、「オンからオフへの意識の流れ」に沿ったものだという。

『ホットペッパー』の周到な戦略

『ホットペッパー』のビジネスモデルも、リクルートの試行錯誤を重ねた実験の末に生まれたものだった。

通勤途中にいつも通りかかる路地裏に、気になる飲食店があったとする。地下にあったり上の階にあったりして店内の様子がうかがえない場合、入ろうと思っても、いま一つ勇気が湧かない。そんな二の足を踏む読者に、店の中を写真で見せ、詳しいメニューとともに店内の雰囲気を知ってもらう。こうして店の営業アップに貢献するのが、『ホットペッパー』の「プチコン」(プチ・コンサルティング)の神髄だ。営業担当者は半径五〇〇メートル範囲の担当エリアをくまなく何度も回る。

『ホットペッパー』は毎年、シーズンごとに、二〇歳から三四歳までの働く女性読者モニター一万人にアンケート調査をしている。彼女たちの回答が、飲食店にさまざまなアイデアを提供してきた。たとえば「コース料理に欲しいつまみ」に枝豆が選ばれ、「枝豆はオヤジのビールのつまみ」だと思い込んでいた店主たちを驚かせた。キムチ鍋も人気で、多くの居酒屋が急遽《きゅうきょ》、これをメニューに加えた。

大阪人はたこ焼き、広島はお好み焼きといった食べ物についてのステレオタイプな地域性は、Ｆ１層に通用しない。日常生活におけるこの世代の女性たちの好みは、ほぼ全国的に共通することを、アンケート調査の結果は示していた。

前身、『サンロクマル』の教訓

こうした調査方法の道を開いたのが、一九九四年に同社が全国一三エリアで創刊した無料誌『生活情報サンロクマル（３６０）』だ。全国の中小都市で一斉に展開できる新規事業モデルを探るために発行した。人口三〇万から四〇万規模の都市で成り立つビジネスモデルなら、全国一〇〇都市に普及するに違いないと踏んだ。地域ごとに異なる紙面構成をとり、不動産やショップなどあらゆる分野の店情報を掲載してきたが、二〇〇一年七月、『ホットペッパー』に後を譲る形で休刊となった。

しかし『サンロクマル』が残した教訓は貴重だった。

まず、消費の主役はＦ１層だということが改めて確認された。彼女たちは比較的時間とお金に余裕があり、好奇心が強く新しいもの好きで、新装オープンする店があれば、試しにのぞいてみようとする。男性はいきつけの店に何度も足を運ぶ傾向があるが、若い女性が足を向ける店ができれば、そこには若い男性もついていくようになる。

もっと大きな発見は、グルメがポイントだということだった。人間の基本的欲望である食欲、性欲、睡眠欲のうち、食欲は一日に三回満たす必要があるから、比較的高い利用頻度を期待することができる。これを証明したのが『サンロクマル』札幌版の挑戦だった。クーポン付き飲食店案内が若い女性に支持され、目立った利益を上げていた。

インターネットで情報を提供する方法も検討したが、当時、とくに地方ではインターネットのインフラが整わず普及率が低かったため、無料誌の発行が最適との結論になった。

こうして、「F1層を狙ったグルメクーポン無料誌」というビジネスモデルが固まった。新潟県の長岡で事前調査を行い、手応えを確かめたうえで、〇〇年七月、長岡、新潟、高松の三市を手はじめに『ホットペッパー』は創刊された。翌〇一年三月に新宿、渋谷、同年七月には銀座、札幌、旭川、広島、福岡にも登場、〇五年九月に大阪がキタとミナミに分版されて、現在は全国で計四九版を発行している。

さらに『ホットペッパー』のビジネスモデルは海外に進出をはじめた。〇七年九月、中国上海市で『胡椒蓓蓓《フージャオベイベイ》』を創刊。広大な中国市場への第一歩を踏み出した。また、フランスでも同じ時期に、当地のテレビ会社、出版社との共同出資により新会社を設立、同国のレンヌとグルノーブルを手はじめに、無料情報誌『pilipili（ピリピリ）』を創刊している。

『ホットペッパー』フランス版の『pilipili』創刊号

地方の有料誌が次々に休刊

『ホットペッパー』などのクーポンマガジンが全国の都市に広がって飲食店などの地域広告を集める一方、二、三〇年の歴史を持つ有料タウン誌が次々と姿を消している。

筆者がかつて赴任していた札幌では二〇〇一年七月の『ホットペッパー』創刊から約一年で、街の色が黄色から赤に一変したのを記憶している。以前は、札幌を代表する黄色い表紙の月刊タウン情報誌『Yellow page（イエローページ）』を持って歩く人々が街にあふれていた。それが、『ホットペッパー』の赤い表紙の色に取って代わられたからだった。『イエローページ』は『ホットペッパー』の勢いにのまれて広告売り上げが激減し、〇三年八月発行の九月号を最後に休刊に追い込まれた。

『イエローページ』はA4変型判で、一六〇〜二〇〇ページだて。一九七九年、「大人の遊びマガジン」として創刊された。毎月二五日発行。一二年前のピーク時には六万部を出していたが、徐々に売り上げ部数を減らし、二万部にまで落ち込んだ。休刊直前は一部三五〇円で書店やコンビニなどで売られ、市内の飲食店からバーゲン、映画、観劇、音楽、展覧会などあらゆる娯楽情報をまとめて掲載していた。現在はインターネット版にこうした情報を流しつづけている。

休刊を決断した同社代表取締役の野村満氏は「休刊の直接の原因は『ホットペッパー』に広告を取られたことだが、情報に対する読者のお金の使い方が変わったからかもしれない」と語る。情報は無料で携帯やインターネットから入手する人が増えた。野村氏が見るところ、札幌で『ホットペッパー』をいちばん活用しているのは中年女性と若者だという。

彼らは便利な情報を求め、読み物の部分は必要としていないように見える。

「三〇年前、ジャズ喫茶やロック喫茶はいわゆる不良の男しかいかなかった。そこへ女性も若者も気軽に入れるパブや居酒屋、カフェバーが登場し、これらの案内情報を掲載するタウン誌が数多く誕生した。新聞も夕刊の紙面をタウン誌化した。さらにそこへ、読み物記事がなく、日本には馴染《なじ》みのない無料クーポン誌が登場した。こうした流れのなかで、これからは、日々の情報の更新が可能なネットが主役になっていくのだろう」と予測する。

タウン誌を支えてきた男性読者の元気のなさが気にかかる。こだわりのバーや居酒屋に通い、知り合いの輪を広げた男性たちが、その街の匂いや風景などを映すタウン誌文化を形づくってきたのだが。

「不況から長く抜け出せない北海道では二、三〇代男性の一日の小遣いが一〇〇〇円程度。これでは昼飯とたばこ代だけで終わってしまう。五〇代の男性は定年前にリストラされ、繁華街すすきのへの足も遠のくばかり。本来、本や雑誌を買うはずなのに、男性たちの懐に余裕がない。こんな実情が、クーポン文化の繁栄につながっているのではないか」と野村氏は感じている。

だからといって同じ無料誌を発行して競争しようという気持ちにはなれない。「中年女性やシルバー世代向けのフリーペーパーを発行する手もあるが、これは自分たちがやるべき仕事ではない」という編集者としてのこだわりがある。

広島の「闘うタウン誌」も幕

札幌と同じ政令指定都市の広島市でも、地元読者を長年引きつけてきたタウン誌が幕を閉じた。月刊誌『ぴーぷる』である。平均一四〇ページだて、一部カラー。一冊三六〇円で毎月一日に五万部を発行してきたが、二〇〇四年七月号を最後に休刊した。発行元、有限会社銀河邑代表取締役の小島光治氏は「草の根ジャーナリズムを目指して二四年がんばってきたが一つの節目と考えた」と説明する。

その言葉どおり、同誌は広島の地域ジャーナリズム媒体としてさまざまな提案を行い、市民に支持されてきた。女性が夜も安心して歩ける街にしようという「ライトアップキャンペーン」を展開した。ガソリン代が全国の他地域にくらべて高いことを指摘し、各スタンドの一斉値下げにつなげた。市内を流れる川に船を浮かべて市民の足とする「水上バス」を提案、これを観光資源として生かす会社が現れた。地元大手企業のマツダや広島カープへの批判も臆《おく》することなく掲載した。故郷を離れ、縁あって広島に根を下ろした小島氏がこだわったのは、こうした地域社会に対する物言いだった。

「うちも広告収入アップのために飲食店向けの別冊を一部三六〇円で毎年発行し、三〇〇〇万円稼いだ年もあった。だがリクルートのような資本投下をすることはできなかった」と振り返る。「飲食店にとって食材の仕入れ原価や人件費は圧縮しにくい。いったんは客を集めても、値引きを続けないと客数を維持できない。地域の店のほとんどがクーポンを受け入れれば、差別化は図れなくなる。クーポン商法はいずれ行き詰まるのではないか」と予測する。

最終号には社長自ら「『私小説風な』休刊の弁明」と題する読者へのメッセージを執筆した。休刊後は広告代理業に力を入れ、地域再生のＮＰＯを立ち上げている。地域への思いは変わっていない。

福岡市で休刊に追い込まれた隔週発行の有料タウン誌『シティ情報ふくおか』は、フリーマガジンとネット版、有料誌の三本立てで生まれ変わった。発行元の出版社、株式会社シティ情報ふくおかが生き残りをかけて新たな道を模索した答えだった。

一九七六年九月に小さなA6判、一部一〇〇円で創刊された同誌（のちにAB判、基本二二四ページだて、オールカラーで一部三五〇円に）は、八七年のピーク時に一二万部を発行し、当時の一〇〇万都市のなかで「対人口比率読者が最も多いタウン誌」と呼ばれた。全国チェーンのデパートが進出し、九州の人口が福岡市に集中するようになったころだ。

地元の新聞やテレビが取り上げない店や音楽バンドなどを応援する形で紹介した。劇団四季の公演も、公民館の行事も横並びで公平に扱った。ガレージセールなどのイベントも当たり、大入りだった。

しかし、ライバルとなる角川書店の『Kyushu Walker（九州ウォーカー）』が上陸したうえ、〇一年七月には『ホットペッパー』福岡版が創刊された。『ホットペッパー』の進出は広告収入を直撃した。一九八〇年代の最盛期には二〇〇〇万円にのぼった一号当たりの広告収入が六〇〇万円にまで落ち込んだ。広告収入一〇〇〇万円、販売収入一〇〇〇万円が発行コストを確保するぎりぎりのラインだった。七〇人近い従業員の一部リストラも断行したが、赤字は埋められず、〇五年六月、通巻六四七号をもって休刊した。

○五年一一月から同誌は、想定読者層を富裕層に絞った『Fukuoka CLASS（フクオカ・クラス）』（AB判、基本ページだて一一二ページ、一部三八〇円、五万部発行）と、若い世代向けの無料誌『Fukuoka O オー！（フクオカ・オー！）』（B4判、四〇ページ、一二万部発行）の二誌に分かれて、生まれ変わった。いずれも毎月二五日の発行。さらにローカル情報ポータルサイト「Fukuoka（フクオカ）ナビ」（http://www.fukuoka-navi.jp/）も立ち上げ、この三種類のメディアの相乗効果を狙っている。

『フクオカ・クラス』は福岡の地方文化への貢献を狙い、二五歳から四〇歳前後の大人を中心読者とし、書店やコンビニ、駅売り店などで販売する。『フクオカ・オー！』は二〇歳から三〇歳のビジネスマン、OLを狙い、市内主要駅のコンコース、飲食店のほか、九州各県のチケットぴあスポットにも置かれている。株式会社シティ情報ふくおかの早苗勝啓取締役（〇五年当時）は、「地場ローカルという立脚点を再構築し、エリア情報の受発信企業として、より地域社会へ貢献を図りたい」と語った。

2　趣味性・嗜好性の分野へ拡大

無料誌がさらに伸びる分野

「想定読者層を絞った無料誌がいまなお手を付けていない分野がまだたくさんある」と指摘する人がいる。無料紙誌の流通事業などを柱にエリアマーケティングを推進するフィールドメディアネットワーク（ＦＭＮ）の松下和弘代表取締役社長である。

松下氏は「無料紙誌の生命線は流通方法そのもの」と断言する。どんなに記事内容が優れていても、流通方法の最適化なしにその効果は発揮できない。ハンディング（手渡し）とポスティング（宅配）、オフィスデリバリー（職域配布）、テイクワンラック（ラック置き）の四つの流通方法のうち、最も適した方法を選んだり、四つの方法を組み合わせたりするコンサルティングを展開している。

たとえば、求人情報誌ならラック置きだけで充分。転職を考える読者だけに届けばいいからだ。それに転職情報をまさか職場には配布できない。一例を挙げると、クーポン情報

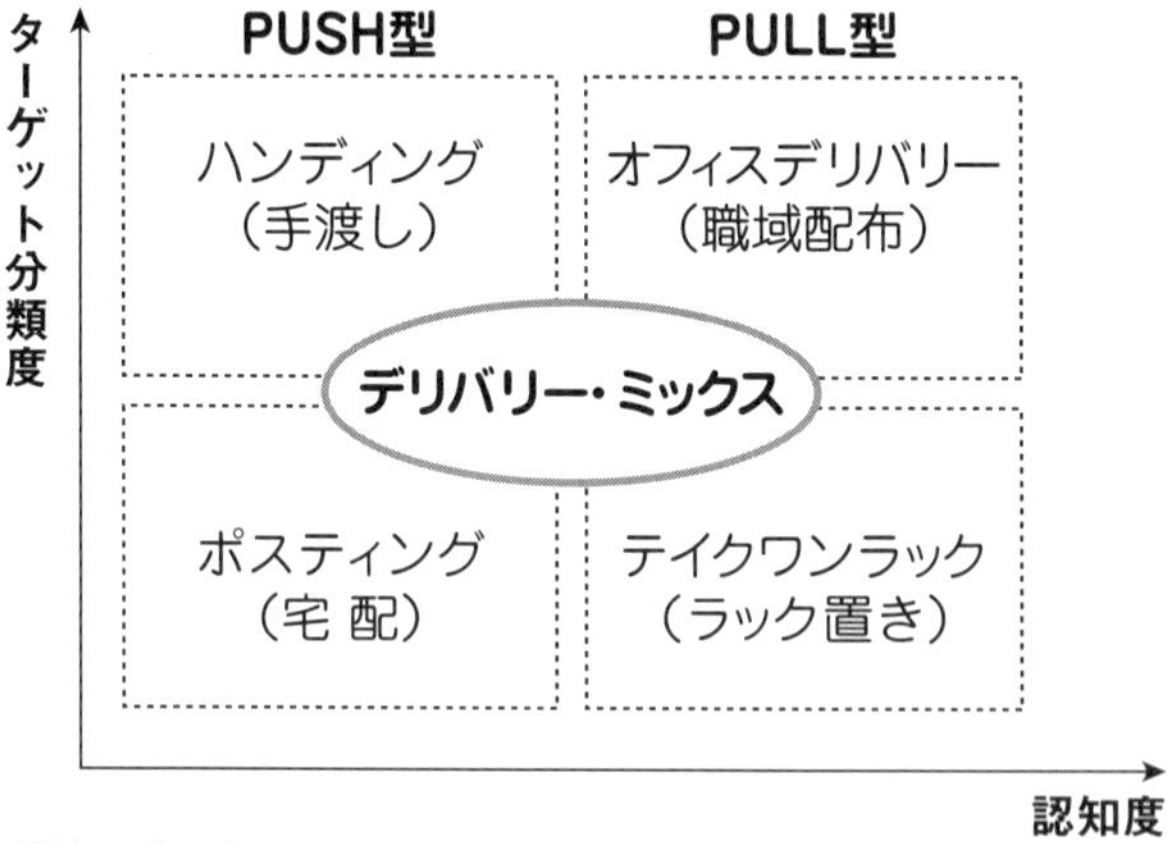

図1　デリバリー・ミックス

誌なら、手渡し一〇%、職域配布八〇%、ラック置き一〇%が適正比率になるという。FMNではこうした流通方法の適正化を「デリバリー・ミックス」と呼ぶ（図1）。

四つのデリバリー方法をさらに最適化する方法として、さらに五つの目標（ミッション）を設定する。①大量消化、②ターゲット到達、③創刊、リニューアル時の認知度アップ、④イメージアップ（ブランディング）、⑤広告主へのアピールである。こうしたフリーペーパーの実現目標がその時々によって変わるのに対応して、五つのうちのどれを、どれくらいの比率で重視するかを、もっと厳密に割り出すことができるという。

現在、多くの無料誌のターゲットは主婦や学生、ＯＬがほとんどで、テーマも生活情報や求人、クーポン、不動産が中心だ。ここから、ターゲットはビジネスマンやシニア、シルバー世代へ、テーマは趣味性や報道性に焦点を当てたものに拡大、シフトしていく、と松下氏は考える。

一人の消費者は、ショッピングしているとき、スポーツしているとき、レストランで食事しているときと、場面ごとに複数の顔を持っている。消費者の購買心理はこうした場所によって多様に変化する。無料誌が渡される場所のポイントこそが記事や広告を伝達するのに重要な要素になる、というのだ。ターゲットに見合う配布のポイントを分類するために作成した**図2**を参照していただきたい。

縦軸に日常性（上方向は日常志向、下方向は非日常志向）、横軸に嗜好性（右方向はオーソドックス志向、左方向はマニアック志向）を取ったこの図に、消費者の生活ポイントを配置していった。日常性が高く、嗜好性がオーソドックスなカテゴリーＡがまさに現在多くの無料誌が競合するゾーンだ。一〇〇円ショップやディスカウントストア、書店、レンタルビデオショップなどがここに含まれる。ターゲットは主婦やファミリー、ティーンズなど広

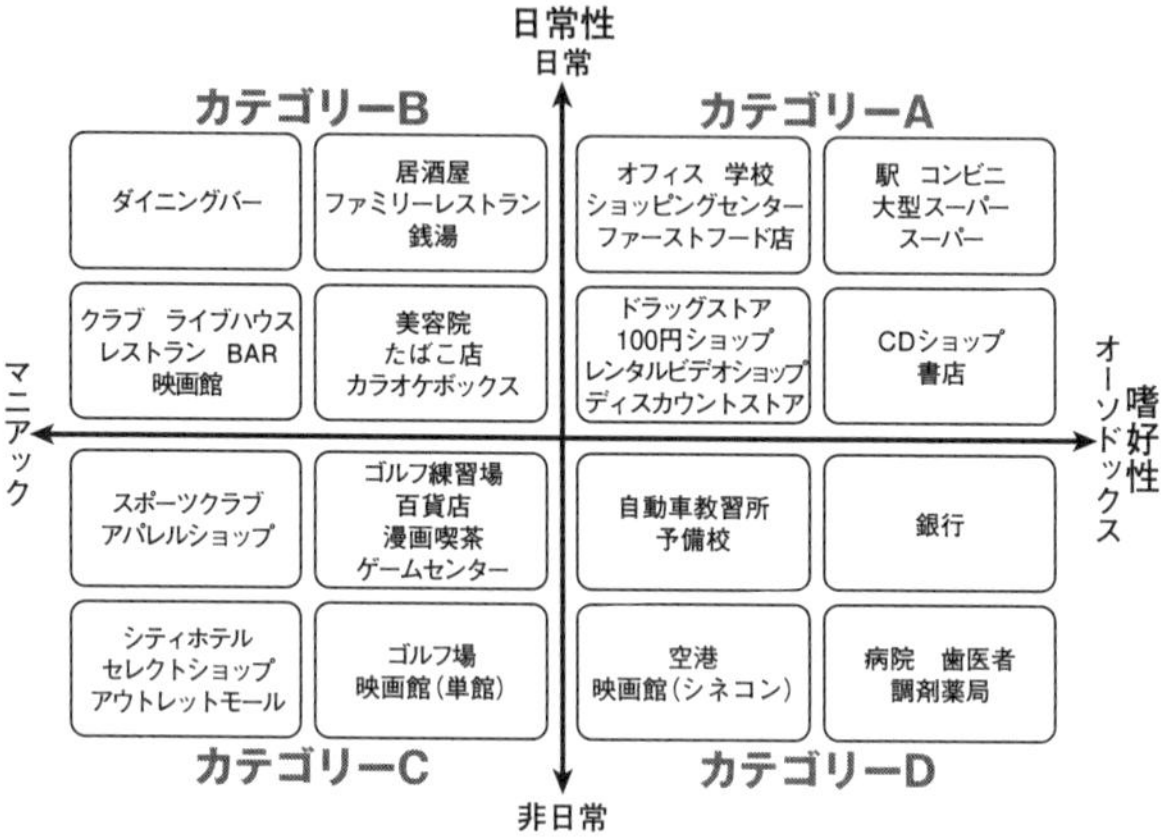

図2　ターゲット別配布ポイント（ＦＭＮの社内資料より作成）

範囲だ。

日常性が高く嗜好性がマニアックな左上のカテゴリーBには、ポイントとしてダイニングバーやレストラン、ライブハウス、美容院が、ターゲットはカップルやシニア、ＯＬ、女性が含まれる。

非日常的でマニアックなカテゴリーCは、アウトレットモールや百貨店、ゴルフ練習場やスポーツクラブなど。ターゲットはエグゼクティブやシニア、富裕層になる。非日常的で嗜好性がオーソドックスなカテゴリーDは銀行、予備校、病院、調剤薬局など。ここではシルバーや妊婦などが対象になっている。

松下氏は「無料誌を含むフィールドメディア

は、消費の場面に応じて想定読者層にリーチできる強みを持つから、マス媒体にはない広告効果を発揮する。今いちばん発行部数の多いのがカテゴリーAに属する求人誌やクーポン誌だが、これからは趣味性が強いカテゴリーBのターゲットマガジンに力点が置かれ、多くの魅力的なコンテンツを持った無料誌が誕生するに違いない」と予測している。

ビジネスマンを狙ったクルマ無料誌

質の高い無料誌の代表格が『ahead（アヘッド）』だ。一〇都道府県の三〇代から四〇代の男性を想定読者層に設定し、月七万部を発行する。

発行元のレゾナンス代表取締役の近藤正純ロバート氏は、銀行勤めから出版界に転身したユニークな経歴を持つ。一九六五年、両親の駐在先だった米国で生まれ、英国と日本で育った。八八年に当時の日本興業銀行（現みずほ銀行）に入行。楽天社長の三木谷浩史氏とは同期で、今もゴルフ仲間だ。九六年、米コーネル大学に留学し、ＭＢＡ（経営学修士）を取得した。

その留学生活がきっかけで近藤氏のその後の人生は大きく変わった。留学生の一人から

「銀行勤めが君の人生にとってどんな意味があるのか。それのどこが君にとってエキサイティングなんだ？」と聞かれ、答えに詰まった。帰国から一年半後、その答えを出すべく出版業界に転身した。

出版社レゾナンスを九八年に立ち上げ、六、七〇冊の単行本を発行したが、思うようには売れなかった。「三、四万部出しても半分くらい返本されて倉庫に戻ってくる。ほとんど読まれていない。触られてもいない。これを溶解する工場に持っていき薬をかけて溶かしていく。一生懸命つくって印刷をして紙を使って、売れなければ溶かす。これを続けていると、本当に自分は環境破壊を繰り返しているだけなんじゃないかという空しさを感じた」と話す。

書店に置いてもらう売り方には疑問を感じていた。トーハンや日販（日本出版販売）など出版取次会社の意向で、置いてもらう書店や部数を決められてしまうことが何より不満だった。車が好きな男性が喜ぶ質の高い記事を斬新《ざんしん》なレイアウトで提供し、彼らが集まる職場に直接配布するようにすれば、広告主もついてくるに違いない。そう確信して、A4判カラーの月刊誌『アヘッド』を立ち上げた。二〇〇三年一二月のことだ。車とバイクの専門誌にしたのは、銀行員時代、昼休み時間に同僚たちと雑談したときにいちばん盛り上がったのが車の話題だったからだ。「職場の仲間同士で楽しく読んでもらえたら」と考えた。

大手広告会社に広告主の紹介を依頼したが、にべもなく断られた。「雑誌は買われるから価値があるのであって、無料誌などに金を出す広告主はいない」と説教された。大手出版社からは「ナショナル・クライアント（一部上場の一流企業レベル）から広告を取る雑誌というものは三億円くらいの初期投資をして、三、四年辛抱しないと黒字にはならない」と教えられた。

しかし今、近藤氏は「発行部数やページ数を少なめにしてはじめられたのがよかった。それが無料誌の強みだった」と振り返る。コストを抑えるため、三六ページ三万部からスタートした。広告主も一〇社ほどの契約で済んだ。そこから、徐々にトヨタやジャガーなど業界トップクラスの広告主に話を直接持ちかけ、成約を得ていった。創刊から一年で毎号黒字が出せるようになり、現在の平均一二〇ページ七万部にまでこぎつけた。

毎月一五日に発行。車とバイクがある生活を楽しむあらゆるシーンを特集する。『アヘッド』のための独自広告も数多く掲載する。オフィスや個人から希望があれば五部単位を無料で送る。

有料のマニアックな車バイク雑誌は約三〇〇誌ある。『アヘッド』は、こうした趣味的な専門誌を購読する一歩手前の層にアプローチしている。車に対する興味を喚起し、次第に好きな分野がはっきりした人を専門誌へと向かわせるポータル的役割を果たしていることになる。

〇四年四月には大幅なリニューアルを敢行した。男性も女性も楽しめる「クルマやバイクを軸としたコミュニケーションマガジン」として、誌面の後半は後ろから読む「女性版」にした（写真）。想定読者層の男性ビジネスマンから支持を得ただけでなく、女性読者も増えた。

一冊で男性向け（右）、女性向け（左）のふたつの表紙をもつ『アヘッド』

「この車が欲しいと男性が思っても、奥さんが認めなければ買うことができない。男女が車というキーワードを媒介にコミュニケーションをもっと深めてもらうことで車市場の活性化につなげられる」（近藤氏）という狙いからだった。

『アヘッド』の読者はちょうどマイホームを取得する世代でもある。自分らしい家は何かという関心に答えるため、同年六月号からは、住宅建築やインテリアなどリビングの話題も特集するようにした。その結果、女性向けのファッション、化粧品、リビング関係の広告主を確保することができた。

創刊五周年を迎えた〇七年一〇月には、ダカールラリーに出場した経験をもつ写真家、桐島ローランド氏を編集長に迎え、デザインや写真の質を格段に上げるとともに、再び男性読者にターゲットを戻した。桐島編集長監修の誌面オリジナル広告制作に加え、動画もセットで制作、両コンテンツの二次利用承諾済みで提供するという新しい営業をスタートさせている。

購読者を増やすため、『アヘッド』は発行部数の約五%を都内の書店に置いている。八重洲ブックセンター、三省堂、書泉グランデ、リブロなど、都心にある大型書店二五店だ。

書店の側も『アヘッド』を店内に置くことのメリットを計算してのことだ。本店や汐留メディアタワー店、八重洲地下街店に同誌を置いている八重洲ブックセンターは、アンケートで集めた客の要望をもとに試験的に導入し、好評なら常時置いていくという。無料誌目当ての客もいるが、ただで持っていくだけでは申し訳ないという感覚からか、ついでに雑誌や文庫本を買っていく客もいる。

『早稲田文学』、無料誌として再出発

文芸誌も、無料誌の世界と無縁ではなかった。創刊一一五年の歴史を持つ文芸誌『早稲田文学』が二〇〇五年一一月号から無料誌『WB』（写真）に転じた。年々減りつづける読者のすそ野を広げるために、無料文芸誌という新しいジャンルを切り開いた。

坪内逍遥《つぼうちしょうよう》が一八九一（明治二四）年に創刊して以来、『早稲田文学』は作家や文芸批評家を志す若者たちから支持されてきた。最近はA5判二〇〇ページを隔月刊で三〇〇〇部発行し、一冊七二〇円で売られていた。寄贈分などを除く二五〇〇部を取次会社経由で全国四〇〇の書店に送ったが、読者は減少し、完売の夢は遠のくばかりだった。

早稲田文学編集部が発行するフリーマガジン『WB』

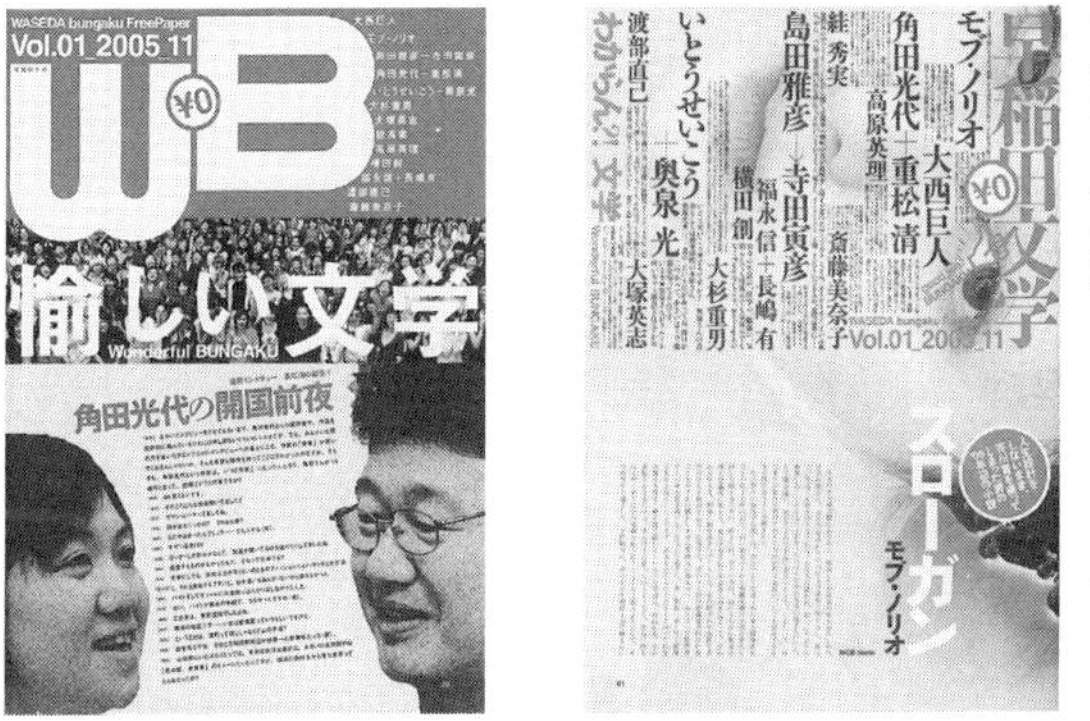

早稲田文学編集部は同大文学部の下部組織だから、利益を追求するところではないが、苦しい経営が続いていた。年間収入は大学からの一〇〇〇万円の補助金と、取次会社のマージンなどを除いた販売収入の約五〇〇万円。支出は、印刷費が一号当たり一〇〇万円、隔月発行して計六〇〇万円、原稿料が三〇〇万円、人件費が四〇〇万円、配送費が二〇〇万円で、収支トントンということになっていた。ただし、原稿料は四〇〇字詰め一枚五〇〇円、学内関係者は無料と、一般の文芸誌とくらべると格段に低かった。学生編集員への報酬も、一カ月一〇〇時間超の労働に対するものが一律一万円しか払えなかった。

同誌編集デスクの市川真人氏は「大学からの補助だけでは発行が続かない。もうこれ以上、執筆者や学生の好意に甘えていられないと思っていた。数年前、『トウキョウ・ヘッドライン』を読み、月刊無料誌へのリニューアルを思いついた」という。文学というジャンルに対する若者の関心が薄れていくなかで、書店から街へ飛び出し、無料誌として、新たな読者層を生み出すことはできないかと考えた結果である。

有料の『早稲田文学』は〇五年五月号で休刊し、リニューアルの態勢を整えた。一一月に復刊した『早稲田文学』はA4判、基本ページだては一六ページで八ページカラー。表からも裏からも読めるスタイルにし、一方の表紙の題号は従来どおりの「早稲田文学」、もう一方は「WB」というアルファベットの略称をロゴにした。発行部数は二万部に増やし、配布先は自ら開拓した。書店のほか、博物館や図書館、コンビニ、喫茶店などに二〇部単位で配送する。希望する個人読者約二〇〇人にも一部ずつ宅配している。

誌面内容も一新した。早稲田OBの作家、重松清の連載インタビューを裏表紙の売り物にし、大西巨人やモブ・ノリオ、斎藤美奈子らの連載を並べた。「現代作家が選ぶ世界の名作」は、現代作家が推薦する古典作品の一部を紹介し、短い解説を加えたものだ。「教科書で学ぶ文学はエッセーなど軟らかいものが中心。これだけでは文学の本当の魅力は伝わらないから」(市川氏)というこだわりから生まれた。

文学を楽しむコアな読者は五万人から一〇万人だという。「早稲田文学」というブランドの力を利用して広告収入を確保し、一〇年かけて一万人でも、着実に読者を増やしていきたい。そして再び、さらに内容の濃い有料誌を復刊させる。そんな夢を市川氏は描いている。

取次会社が無料誌をサポート

「書店に無料誌を置くなど、少し前まではタブーでした」と話すのは出版取次会社、日販の渡部淳事業戦略課係長(〇五年当時。現在は人事総務部人事課長)だ。就職、住宅情報の無料誌を多くの書店が置くようになり、客の要望で読み物の無料誌も登場した。こうした状況を踏まえて、出版社が宣伝し書店が売るという有料紙誌の販売体制を支えてきた日販が無料誌発行に挑戦している。

二〇〇五年、三つの無料誌発行に取りかかった。成人女性向けの『花日和《はなびより》』とサラリーマン向けの『さらてん』、映画情報紹介の『映画と本』である。

『花日和』はA4変型判、六〇ページだてオールカラー。〇五年一月に創刊準備号を五万部発行。六月に創刊号、一〇月に第二号を、各二〇万部送り出した。月刊女性誌発行日が集中する毎月二三日から二八日に、全国三五〇の書店で、雑誌や書籍を買ってくれた女性客に、レジの店員が商品と同じ袋に入れて手渡す。日販は書店に手数料を支払いこのサービスを委託している。『花日和』は海外旅行やペットなど女性が好みそうな生活情報を掲載。各記事面の片隅に携帯で読み取るQRコードがあり、料理のレシピやクイズ応募など詳しい情報を提供する工夫をほどこしている。読者の反応を量り、今後の商品開発のマーケティングにつなげるアイデアだ。

『さらてん』は東京・新橋地区のビジネスマンを想定読者層とし、「サラリーマン仲間で作る、サラリーマンのためのフリーマガジン」をうたい文句にした。〇六年二月、ゲリラ的に創刊。毎号六〇〜七〇ページだてをJR新橋駅付近の飲食店や書店、駅の改札口で約七万部配った。

〇五年一一月の創刊準備号では「出世につながる忘年会飲み屋ベスト10」や、投資の話をわかりやすく説明した「TOKYOおとな銀行」、パチンコの勝負について解説する

「パチ美学」などを特集した。編集、制作には日販を含め、印刷会社や編集プロダクション、マーケティング会社、ソフト開発会社の計七社が参加している。日販のスタッフの一人は「ニューヨークの『ビレッジ・ボイス』を目指した」という。

『映画と本』は書店で売られる新作DVDを紹介する無料誌。〇五年九月に創刊、紀伊國屋書店など全国約三〇〇店に五万部を置いた。日販は渋谷にある映画館を買い取り、映画の上映権を獲得するなど、映像事業にも乗り出している。映画鑑賞と読書を結びつけて、双方の販売促進を目指した。

書店は街の情報ステーションに

こうした無料誌発行について渡部氏は「取次会社は配送の仕組みを持っていることが強み。POSシステムで把握している客の好みなどの情報を、マーケティングに生かせないかと考えた。有料の雑誌や本を発行する出版社には抵抗感があるかもしれないが、置き代を目当てに『R25』などの無料誌を置きたがる書店もある。一般情報は無料誌で、専門的な情報は有料誌でという棲み分けが今後は進むかもしれない」と話す。

前述したように、街の本屋さんと呼ばれる中小規模の書店が次々と姿を消している。これまで出版物の販売ポイントでしかなかった書店が出版物以外の新たな収益源の可能性を探りはじめたと言えるだろう。書店をAからEまでランクづけし、機械的に割り振る取次会社の配本システムにも遠因はあるが、中小書店の側にも、待ちの姿勢に終始していたきらいはある。書店が、パソコンで文字や音声などの情報をダウンロードしたり、有料、無料の紙媒体を入手したりできる情報発信基地に変貌《へんぼう》する可能性もあるに違いない。

第三章　問われる広告効果

1　ターゲット媒体として注目

営業部門から直接オファー

フリーペーパーの広告効果が広告主からの注目を集めている。想定読者層や発行エリアを絞り、届けたい消費者にピンポイントで広告情報を送れるからだ。

大手広告主の一つ、東京電力は、レゾナンス社（近藤正純ロバート社長）が発行するフリーマガジン『アヘッド』に年間契約で広告出稿を続けている。近藤社長からのセールスを受けた東電販売営業本部営業部サービスグループマネージャーである北勝《まさる》氏が、同誌を手に取って読み「これは自分たちがアピールしたい読者層に響く媒体だ」と確信、すぐさま契約した。

東京ガスに対抗してオール電化生活を提案する東電の販売営業本部は、将来持ち家を建てる三〇代の男性たちにも営業の照準を合わせようとしていた。キッチンや給湯などの生活設備については、これまで主婦が購買の鍵を握る主役だったが、家事を分担し料理などにも関心を持つ若い世代の男性たちにも、オール電化の技術や魅力をアピールしたかった。車の魅力を軸に『アヘッド』がターゲットにする三、四〇代の男性読者は、北氏の目に「ただの車マニアではなく、知的関心の高い、新しい情報に貪欲な人たち」として映った。

一般の新聞や雑誌ではなく、なぜフリーマガジンを広告出稿先に選んだのか。北氏は「有料誌と『アヘッド』の読者の違いを、テレビの視聴者になぞらえると、地上波とCSの違いになるだろうか。前者はただ眺めている読者、後者は見たいものがはっきりしていて、ありきたりなものでは満足できない読者だ。ビジネスマンが持つ鞄から覗く『アヘッド』の表紙は充分サマになる」とその理由を説明した。

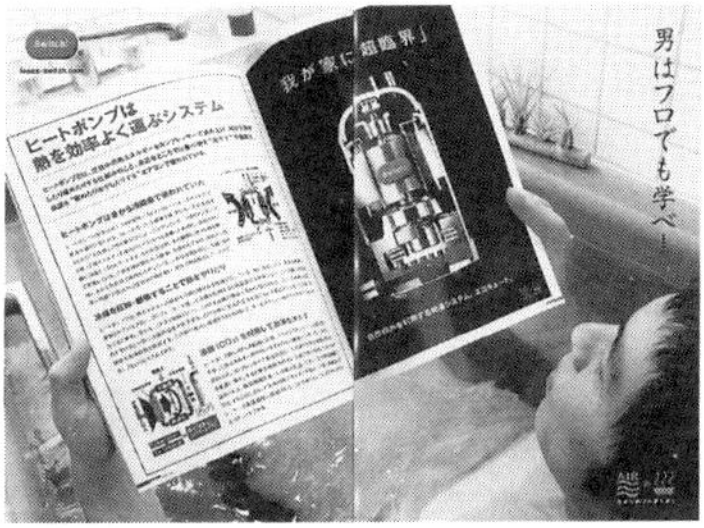

『アヘッド』に東京電力が出した広告

商談を広報部系の社内組織や広告会社を通さずに決定。広告記事の作成は、直接営業部が同誌の編集部に相談し、依頼する。

二〇〇六年の八月号に載せた見開き広告は「男はフロでも学べ！」(写真)。入浴中の男性が東電の給湯システムの解説書を読んでいる構図だ。メカ好きが多い男性読者の関心を捉える視点でつくられた『アヘッド』用のオリジナル広告である。「われわれ営業部が提案し、それに応える広告を想定読者にマッチする形で提供する。消費者の購買レスポンスも直接返ってくるから、すぐ営業活動に役立てられる。『アヘッド』でつくったオリジナル広告を、他の媒体も載せたがっていると言われると『やった』という実感が湧く。広告会社の提案にハンコを押すだけという従来の仕事にはない醍醐味《だいごみ》がある」とメディア選びの楽しさを満喫している様子だった。

報道性も売れるコンテンツ

朝日新聞社が二〇〇六年三月に創刊した女性向けフリーペーパー『j.nude（ジェイヌード）』のメインスポンサーの一つに資生堂があった。「日本の女性は、美しい」というコピーで、同三月に発売したシャンプーの新ブランド「TSUBAKI（ツバキ）」の浸透を図った。資生堂マーケティングディレクターの高津晶氏は、「朝日新聞が持つジャーナリズム、報道性が広告にインパクトを与える」と社会的なメッセージ効果を強調した。商品の効用を直接訴えるのではなく、「日本の女性は、美しい」といったメッセージを投げかけ、街頭でサンプルを配るイベントを仕掛ける。日本女性の美しさ、とくに髪の美しさを際立たせる商品ブランドのイメージを浸透させる作戦だ。『ジェイヌード』の裏表紙には、二十四節気をあしらった読み物を提供している。日本の伝統様式の美しさを通して、商品イメージにつなげていく同じ狙いがここにある。

高津氏はフリーペーパーを「動く交通広告メディア」と定義してみせた。シャンプーのまっ赤な駅張り看板と同じ広告を、『ジェイヌード』の紙面中央の見開き広告に入れた。ヘアサロンやカフェで受け取った女性たちが読んで開く広告紙面そのものが、駅の看板広告と同じインパクトを周囲に与える。ミックスメディアの立体的効果を狙ってのことだ。また、女性たちが持って歩くだけで広告効果のある「ウェアラブル・メディア（wearable media）」でもある。

高津氏は「資生堂も朝日新聞も伝統のあるブランドだが、青山や表参道など新しい情報発信エリアでの展開が弱かった。こうした象徴的な地域で『ジェイヌード』を発行した意味はお互いに大きかった」と評価している。

主婦層を想定読者にするフリーペーパーの老舗《しにせ》サンケイリビング新聞社は、大手広告主に「消費の主役は主婦である」と訴えつづけてきた。男性が家で飲むビールの銘柄は、大型店でまとめ買いする主婦が決めるケースが多い。ビールより安い発泡酒が売れた理由がわかる。ファミリーカーの購入も、メカ機能を重視する夫の意向より、デザインや内装を重視する主婦の意見が尊重され、ミニバンブームはまだ続いている。「男が決められるのは、ゴルフボールとたばこの銘柄だけ」（杉山浩幸コーポレートコミュニケーション室長）という現状から、キリンビールやトヨタ自動車など大手広告主の出稿は順調に確保しているという。

販売促進への直結が魅力

広告主はマス四媒体の広告だけでなく、フリーペーパーやインターネット、折り込みチラシなど、販売促進に直結するメディアへ徐々に足場を広げているように見える。

電通が調査した二〇〇六年の総広告費は五兆九九五四億円で、このうちマス四媒体は総額三兆五七七八億円と二年連続で減少した。このうち、新聞広告は九九八六億円で一九年ぶりに一兆円台を割り込んだ。一方、セールスプロモーション広告費のなかの折り込みチラシ広告は四八〇九億円と、四年連続で着実に増加した。ちなみに前々年ラジオを抜き去ったインターネットは三六三〇億円と、前年比一二九・三％という驚異の伸び率を示し、雑誌の三八八七億円に肉薄した。

フリーペーパーはこの調査項目にないが、そのほとんどは、折り込みチラシなどと同じ地域広告を共有していると見られている。

メディア開発綜研の菊地実・特任研究員は「折り込みチラシの広告費は、大手折り込み取次会社の売り上げデータが中心。調査から漏れている細かいチラシ広告をまとめ、制作費等を含めると、総額は二倍近くになるはずで、フリーペーパーの広告費もこのなかに潜在する」と指摘。さらに『情報メディア白書２００７』のなかで、メディア開発綜研は〇五年度のフリーペーパー市場規模を四〇八二億円とし、〇一年度の二一二五億円からほぼ倍増したと試算している。

また、前述した事例にあるように、フリーペーパーは大手広告主が本来なら有料誌に提供していたはずの広告も取り込みはじめている。商品販売を直接行う営業部や事業部が広告予算の権限を握り、宣伝部を通さずに広告を出稿する傾向が強まっていることも、フリーペーパーの追い風になっているようだ。

かつて広告主の花形部署だった宣伝部などの広告部門は、会社全体のイメージ向上を狙うブランディング広告をマス四媒体へ出稿する機能を残しながら、組織の解体や子会社への再編成に向かっている。大手広告主四五一社を対象にした日経広告研究所の『広告動態調査　2006年版』によると、広告部門の所属担当社員の一社当たり平均は一〇年前の一二・六人から一一・五人に減った。反対に、事業部における広告担当の設置については、「各事業部に広告担当を置いている」との回答が五年前の一五・七%から一七・六%に増えている。

2　信頼性を獲得する道は？

広告媒体力を証明する手段

反面、フリーペーパーはいまだに新聞のような信頼性に乏しく、テレビやラジオのような視聴率、聴取率といったわかりやすい広告効果の物差しがない。消費行動に直結するメディアでありながら、そのレスポンスデータを集積し標準化するための決定的な手法がないのも悩みだ。

フリーペーパーの広告媒体力を証明する手段として、同じ紙媒体である新聞や雑誌の部数監査や読者調査が挙げられる。こうしたデータはどのような手順を経てもたらされるのか。

まず発行部数だが、出版物の代表的な公査機関である日本ABC協会は、フリーペーパーの部数公査を一九八一年七月からはじめた。当時、創刊一〇周年を迎えたサンケイリビング新聞社からの申し入れに応えたもので、常陽新聞社や奈良新聞社、ファミリー社も足並みを揃えた。その後、加盟紙誌は年々増え、二〇〇七年八月現在、公査対象のフリーペーパーは二三六紙誌にのぼる。JAFNAは正会員の加盟の条件として、このABCによる部数公査を義務づけてきた。

フリーペーパーの公査とは、発行社が示した発行部数を客観的に調査し、さまざまな流通経路を追いながら、部数を確認していく作業だ。一月から六月、七月から一二月の年二回、各紙誌から部数を報告してもらい、毎号当たりの部数をまとめ「発行社レポート」として発表する。またこれらを実態調査（公査）した結果をまとめた「公査レポート」を年に一回発行する。

公査は、印刷代の伝票をチェックしたうえで、宅配と店頭、職域、その他の四つの流通方法に分けて行われる。宅配型なら配布員の数や手数料の伝票から部数を確認。宅配や職域配布、駅頭での手渡しなどを配布業者に委託している場合は、配達指示書や請求書の伝票で裏づけを取る。最も悩ましいのが、店頭などでのラック置きだ。当然、残部が発生するが、確認方法の問題から配置部数をもって配布部数としている。

欧米では紙媒体の広告効果を証明する有力な方法として、発行部数よりも読者数を重視する。新聞の宅配率が高い日本では発行部数がそのまま読者に到達すると考えられることから、部数が重んじられてきた。

ちなみに新聞社が広告主に広告効果をアピールするために採用している方法がある。「広告接触率」と「広告注目率」だ。

読者モニターに対するインターネットなどを使った聞き取り調査で、「新聞を読んだか」、さらに「今持っているか」を問い、「持っている」と回答した人を対象に、ある広告を「確かに見た」「見たような気がする」「見た覚えがない」の三択で回答させる。「確かに見た」「見たような気がする」と回答した人たちを接触者と定義する。この接触者数を有効回答者数で割ったパーセンテージが広告接触率。「確かに見た」と回答した人数を、新聞を「持っている」と回答した人数で割ったパーセンテージが広告注目率だ。広告接触率は朝日新聞社が一九六〇年代から採り入れ、面別接触率とともに、広告会社を通して広告主にアピールするツールとして生かしてきた。一方、日本経済新聞などは広告注目率をよりどころにしている。新聞によって提供するデータが異なるため、広告主からは比較しやすいデータ統一を求める声も強い。

AIDMAからAISASへ

インターネットの登場で、メディアの広告効果を推し量る考え方にも変化が見られる。商品を認知させる過程を示す広告理論モデルとして、かつて広く知られたAIDMA（アイドマ）に加え、新たなモデル、ＡＩＳＡＳ（アイサス）が注目されている。

ＡＩＤＭＡは認知（Attention）、興味（Interest）、欲求（Desire）、記憶（Memory）、行動（Action）の頭文字の略称。生活者が消費行動に移る過程を表したものだ。これに対し、ＡＩＳＡＳはＡＩの後に、検索（Search）と行動（Action）、意見共有（Share）が加わる。ウェブにおける消費活動とその結果に至る流れを示したものだ。ＡＩＳＡＳは、商品を買うために必要な店の場所などの情報を記憶する必要がなく、パソコンから検索して一気に購買に向かい、さらに商品情報を他人と共有し合うという流れを表現している。

商品理解に貢献するメディア

商品認知から消費行動の流れのなかで、フリーペーパーはどこに位置づけられるのだろうか。

「フリーペーパーは商品を理解するメディアとしての力がある」と、ビデオリサーチ新聞雑誌部長の布川英二氏は「創刊されてはすぐに休刊するといった有象無象のメディアというイメージがまだ広告主に根強く、新聞のような信頼性を得るには歴史が浅い。しかし、一部の広告主らはフリーペーパーを商品の理解につながるメディアとして、インターネットと組み合わせていく手法に注目しだしている」と指摘する。

ビデオリサーチが二〇〇一年度にはじめた全国新聞総合調査（J-READ）では、新聞に加え、フリーペーパーの媒体別閲読状況調査も行っている。〇五年度の調査結果をもとに、メディア別の評価をまとめた。「商品やサービスの内容が理解しやすいのは何か」などの質問に対し、重複も可能な形で回答させたところ、フリーペーパーの回答比率は、テレビや新聞にくらべるとかなり低く、ほとんどがひと桁台だったが、比率の偏りを分析してメディアの特徴を探ったところ、フリーペーパーは折り込みチラシやインターネットと同じく、商品の「理解」に貢献するメディアであることがわかった。

一方、テレビは商品や企業の「印象」に、新聞は「信頼」につながる特徴を持つことが浮き彫りになった。つまり、商品情報を消費者に伝えるために、いろいろなメディアを使い分けることで、大きな広告効果が期待できる。広告媒体として、フリーペーパーが新聞やテレビと共存し、相乗効果を発揮する可能性が見えてきた。

3　まとまらない業界組織

業界を引っ張るＪＡＦＮＡ

こうした大手広告主からの注目と要求にフリーペーパーは業界全体として応えられるのか。残念ながら、経営の足腰が弱い中小規模の発行会社がほとんどで、リクルートやサンケイリビングなどの大手の発行主も一つの業界組織にまとまりきれず、業界全体として大手広告主にアピールできない状況になっている。

ＪＡＦＮＡはサンケイリビング新聞社が中心となり、一九九八年に設立された。発足以来、「フリーペーパー」の定義づけと組織化を積極的に進め、業界を引っ張ってきた。

発足翌年の九九年九月に定めたフリーペーパーの定義は、「ある特定の家庭又はある特定の地域の家庭や職域に無料で届けられる新聞タイプの媒体で、主に女性や家庭を対象に地域に密着した生活周りの情報を中心に構成されたタブロイド版又はブランケット版（通常の新聞サイズ）の定期発行の情報紙」というものだった。

この定義は翌年三月には、「特定の読者を狙い、無料で配布するか到達させる定期発行の地域生活情報紙誌で、イベント、タウン、ショップ、求人求職、住宅・不動産、グルメ・飲食店、ショッピング、演劇、エステ・美容、レジャー・旅行、各種教室など多岐にわたる生活情報を記事と広告で伝える」と改められている。この定義の変化に、現実のフリーペーパーの姿が凝縮されている。

製作・配布部数はフリーペーパーの命綱である広告料金に直結する。JAFNAは、新聞・雑誌の発行部数認定機関である日本ABC協会への加盟を入会の条件としている。さらに、会員資格として「いわゆる生活情報や一般記事などの編集欄が、全紙面の一〇%以上を占めていること」を挙げ、広告以外の読み物記事の量を紙面で確保するよう求めている。多くのフリーペーパーは、この部分の透明性に問題を抱えている。

全体調査に非協力的な姿勢

JAFNAは、会員以外も対象にした全国フリーペーパー実態調査を実施してきた。しかし、二〇〇六年五月に発行した第三回調査でも、調査対象一九一四社に協力を求めたものの、回答を寄せたのは半数の九五〇社。市町村合併でエリアの確定に手間取る発行会社が多く、回答が得られないケースが多かった。順調にいっているビジネスの実態をライバルの同業他社に知られたくないという傾向が強まっていることがうかがわれる。急増するフリーペーパーについて年間二〇〇件を超すマスコミ各社からの取材や問い合わせがありながら、業界全体を描ききれない現実がここにある。

こうした現状を打開するため、ＪＡＦＮＡは〇六年六月の定例総会で、ＡＢＣ協会公査を条件としない新しい会員制度を新設した。印刷会社の印刷部数証明書と発行社の誓約書を提出することを加盟の条件にした「賛助会員」である。あくまで日本ＡＢＣ協会に加盟するまでの過渡的措置として講じられたものだが、組織内部で長い議論を重ねた末の改革だった。

その賛助会員第一号となったのが、阪神と北摂地域に三六万部を発行する朝日新聞社系の『アサヒ・ファミリー』（発行元はアサヒ・ファミリー・ニュース社、北辻勇社長）である。創刊三〇年を機にブランケット判からタブロイド判オールカラーにリニューアル。題号も『朝日ファミリー』に改めた。首都圏にある全国規模の大企業に広告出稿をアピールするため、ＪＡＦＮＡ加盟を決断し、その後、賛助会員から正会員になった。業界組織のすそ野が広がる可能性は確実に増してきている。

4　潜在ニーズを掘り起こせ

「求人誌はなくなる？」

フリーペーパーは、新たなメディアとして急伸するインターネットの洗礼を受けた紙媒体の一つでもある。ネット社会で他の媒体とどのような共存共栄の関係を探るべきなのか。ぱど社長の倉橋泰氏は「求人誌や住宅情報誌などのフリーペーパーは、インターネット検索サービスに取って代わられ、五年後にはすべて姿を消す」と大胆な予測をする。倉橋氏によると、紙媒体が喚起する消費者ニーズには二種類ある。一つ目は、消費者自身が何を知りたいか、何を買いたいかが明確である「顕在ニーズ」。もう一つは、消費者がそれらをまだ明確にできていない状態にあり、メディアに触れることで喚起される「潜在ニーズ」だ。
顕在ニーズに直接応えるのが、求人や不動産、飲食店などの情報誌。膨大な発行部数を持つフリーペーパーの大きな柱である。しかし、求人や飲食店情報の検索ウェブサイトが年々増加し、データも充実してきた。有料誌から無料誌へ、そしてインターネット情報検索サービスへという流れがここ数年、定着している。

求人誌出版社の学生援護会は、主力の『an（アン）』を二〇〇円から一〇〇円に値下げし、無料の『Free an（フリー・アン）』を発行した末、二〇〇六年七月に人材サービス会社のインテリジェンスに売却した。ネット求人で成長したインテリジェンスは、利用者をホームページにもっと誘導するため、リアルな紙媒体を求めていたところだった。

リクルートの海外旅行情報誌『AB-ROAD（エイビーロード）』は、一九八四年に創刊され、全盛期には三八万部を売り上げたが、〇六年九月発行の一〇月号をもって休刊した。無料誌への転換も検討しつづけたが、結局発行しなかった。安い海外旅行パックの利用者を同じ読者層とする他の無料誌やパンフレットがすでに旅行代理店のカウンターにあふれていたからだ。九九年に開設したインターネット版の利用者は年々増加した。読者層はインターネットに親和性の高い世代が多いため、無料誌発行を一気に飛び越して、ネット版に一本化した。

読者の関心を引くフッカーの役割

それではフリーペーパーは将来、激減する運命にあるのだろうか。

倉橋氏は「むしろ増えつづける。情報検索サイトや企業サイトが膨大に増えることから、サイトを選んでもらう入り口メディアとしてフリーペーパーの需要はこれからますます高まるだろう」と言う。何を知りたいか、買いたいかが明確な読者の需要に、紙幅の限界がある紙媒体が応えていくのは難しい。しかし、一〇〇円ショップなどのように、膨大な商品がジャングルのように重ねられた店内を歩き、何か買うものはないかと探す楽しみもある。潜在ニーズを引き出す読み物中心のマガジンや、あらゆる商品情報を網羅する総合誌がそれに当たる。読者の潜在ニーズを引き出す「フッカー（引っかけ）」（倉橋氏）としての機能が期待されるわけだ。その結果、記事内容の質と、読者に届けるデリバリー手段の仕掛けがますます重要になる。

第四章　海外に浸透する日刊無料紙

1　スウェーデンから全世界に広がる『メトロ』

若い読者を狙い地下鉄で配布

海外では十数年前から無料の日刊新聞（日刊無料紙）が普及しはじめている。この事実をはからずもフリーペーパーを研究してはじめて知った。一九九五年にスウェーデンのストックホルムで、『metro（メトロ）』（写真）という地下鉄網を配布手段とした日刊無料紙が誕生し、九七年から欧米諸国に浸透していったのだ。

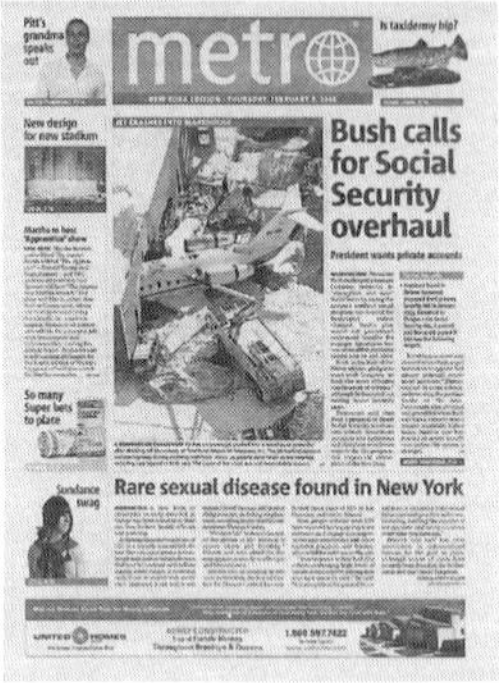

『メトロ』ニューヨーク版の紙面

『メトロ』は、既存の新聞を読まない若い世代を想定読者層とし、広告主に新たな収入源を開いた。創刊された九五年当時は、多くの国で既存有料紙がこれを脅威ととらえ、排除しようとした。しかし、しばらくすると、伝統的な有料紙を含むライバルたちも、この市場に相次いで参入し、現在、日刊無料紙は五二カ国、総発行部数四二〇〇万部に及んでいるともいわれている（注1）。

この状況を自分の目で確認するため、筆者は米国と韓国、スペイン、フランスを回った。これらの国々の主要都市では、地下鉄の出入り口で配られる日刊無料紙を手にする通勤者の姿が日常の風景になっていた。多くの先進国では、「新聞は無料で読むもの」という常識が定着していると言っていいだろう。

また、『メトロ』の創案者とも知り合い、ビジネスモデルを思いついたきっかけから、広告収入だけに依存したジャーナリズムのあり方に至るまで、氏の考えを存分に聞く機会を得た。本章は、これらの取材調査を踏まえた報告になる。

学生時代の講義から発案

『メトロ』のアイデアは、スウェーデン人ジャーナリスト、ペッレ・アンデション氏が学生時代の一九七三年、ストックホルム・ジャーナリズム大学で新聞経済学の講義を受けているときに発案した。その後、有料紙の記者として仕事するなかでこの構想を温めつづけ、九五年二月、スウェーデンの投資会社キンネヴィーク傘下の巨大メディア複合体モダンタイムズ・グループ（ＭＴＧ）から資金の提供を受け、同志とともに『メトロ』の創刊にこぎつけた。

しかし、編集方針などをめぐって意見を異にし、ＭＴＧに持ち株を売り渡して、仲間とともに事業から手を引いた。この二〇〇〇年以降、『メトロ』の発行はＭＴＧ傘下の「Metro International（メトロ・インターナショナル）」が全面的に引き受け、そのノウハウを世界のマーケットに売り込んだ。

〇七年現在、メトロ系無料紙は世界二二カ国（欧州一五、北米二、中南米三、アジア二）で計約八〇〇万部の発行が確認されている。

『メトロ』は、宗教に関しては中立、社説や論説、解説の類《たぐい》は極力載せない。紙面はコンパクトな記事を読みやすく箱形にまとめ、電車通勤の二〇分で読みきれることを売り物にしている。サイズはタブロイド判。想定読者の中心は、ふだん新聞を買わない若年層である。多くの国では、地下鉄当局に広告を一ページ無料で提供することを条件に、地下鉄構内に専用の配布ラックを置かせてもらう権利を獲得してきた。

メトロ・インターナショナルのホームページによると、読者の一〇人に四人は一八〜三五歳と若く、八二%が就労もしくは就学している。男性対女性の比率は、四九対五一。週に四二〇〇万人以上の読者を持つという。

メトロ・インターナショナルは急速な拡大路線をとってきたが、経営面では必ずしも順風満帆とはいえず、やや苦しい展開が続いているようだ。二〇〇〇年にストックホルム証券取引所に上場して以来、収支は五年連続の赤字。同年に進出した国のうちアルゼンチン、スイスの二カ国については撤退を余儀なくされている。〇四年も税引き後は一一〇〇万ドルの赤字となっている。ただし、同年の売り上げは前年比五〇%増の三億ドルを達成したといい、進出した国のうち一二カ国まではすでに黒字化、「三年以内に全体を黒字化する」ことを目標としている。

進出先で手荒い歓迎

一九九七年のチェコ進出以来、『メトロ』は各地で、既存紙の強い抵抗を受けてきた。英国ではデイリー・メールを軸にする有力新聞グループ、アソシエイテッド・ニューズペーパーズが、『メトロ』の動きに先手を打って同じ『メトロ』の商標登録を押さえ、九九年三月にロンドンで英国版『メトロ』を創刊、本家スウェーデンの『メトロ』につけいるすきを与えなかった。本家の『メトロ』は二〇〇〇年一月にニューカッスルで『モーニング・ニューズ』という名の日刊無料紙を発行するのが精いっぱいで、結局はこれも売却し、英国から撤退した。

〇二年二月、フランスへの進出にあたっては、パリとマルセイユでの発行を計画した。しかし、印刷労働組合の反対を受けてパリでは印刷ができず、隣国のルクセンブルクで印刷した新聞をトラックで運び入れざるを得なくなった。搬入した新聞の束をパリで下ろしはじめると、『メトロ』進出に反対する労組員らがこれを奪い取り、セーヌ川に投げ込んでしまうという騒ぎもあった。

メディア資本への外資導入に規制のある国では、例外的にフランチャイズ方式をとって進出している。たとえば、韓国は「新聞法」によって、メディア企業に対する外国資本の出資枠を「三〇%未満」に制限している。このため、『メトロ』は同国の資本家を集めて発行会社を設立、メトロ・インターナショナルから発行ノウハウの提供を受け、利益の一部を還元する契約を結んだ。ちなみに持ち株比率は〇四年では五％にすぎなかったが、翌年、上限の二九・九％にまで引き上げられている。

「侵略者」から世界新聞協会加盟へ

『メトロ』の進出に対する伝統的な有料紙の態度はここ数年で大きく変化した。当初「よそ者」扱いされてきた無料紙が、「身内」として迎えられるようになってきたのだ。

この変化は、世界新聞協会（WAN）が毎年開く世界新聞大会の推移に映し出されている。二〇〇〇年、ブラジルのリオデジャネイロで開かれた大会で編集者フォーラムの座長を務めたブラジル紙編集長は、大会前に『メトロ』を「スウェーデンの侵略者」と呼び、「リオデジャネイロもバイキングたちの視野に入っている。彼らはわれわれの国の海辺に上陸しようと考えている」と述べた。このフォーラムに出席したメトロ側の代表者は、「『メトロ』は新聞ではなく広告を載せるための車。新聞の脅威ではなく、補助的な媒体」と弁明に努めている。

こうしたとげとげしい雰囲気は翌〇一年の香港大会で変化を見せる。「日刊無料紙──

それは共食いか共生か」をテーマに掲げたこのときの編集者フォーラムでは、有料紙による日刊無料紙の発行事例が報告された。これに対し、「先駆者から、より多くの情報、アドバイスを得たい」といった感想や意見が相次いだ。当時のWAN事務局次長は、「既存紙が、無料紙に対処する道を見つけなければならないことに気がついた」と語り、WANのホームページはその後、無料紙を「若い人たちを新聞の読者に引き込む理想のメディア」と評価するようになった。

『メトロ』は〇四年末、無料紙としてははじめてWANへの加盟を認められた。伝統的一般紙の組織であるWANが『メトロ』の加入を認めたことは、「フリーペーパーが新聞の世界で市民権を得た」ということの証明だった。

〇五年五月に韓国のソウルで開かれた第五八回世界新聞大会でWANのティモシー・ボールディング事務局長は、世界の新聞産業の動向報告のなかで、WANが実施した無料紙についてのはじめての調査結果に触れ、「無料紙はスペインでは日刊紙全体の四〇%という巨大な占有率を持つようになっている。イタリアは二九%、デンマークも二九%、ポルトガルでは二五%を占めるに至っている」との数字を示した。

この大会にゲストスピーカーとして招かれたメトロ・インターナショナル副社長（南欧担当）のカルロス・オリバベレス氏が登壇。『メトロ』の歴史、実績、成長を力説し「インターネットに対抗する手段が、無料紙のアイデアだった」と自らの立場を定義した。「有料紙が記事量を増やし、専門的にし、部数を増やすことで対抗しようとしてきたことは間違いだ」と断じ、「日刊無料紙の市場に参入すべきだ」と呼びかけた。

ニューヨーク・タイムズが提携と投資

それに先立つ同年一月四日、米国メディア界に衝撃のニュースが走った。ニューヨーク・タイムズが、傘下にある『ボストン・グローブ』紙との記事・広告面での提携を目的として、「メトロ・ボストンに一六五〇万ドルを出資、同社の発行株式の四九％を獲得した」と発表したのだ。

この提携についてメトロ・インターナショナルのペッレ・トーンベリー社長は、マスコミの取材に対し、「提携は、『メトロ』が一九九五年につくり出した日刊無料紙発行というメディア経営が、世界から最も敬意を払われているメディアから認知されたことの証《あかし》だ。

国際的な新聞社の一つとして、今後も私たちのビジネスの優れた点を通じて新聞産業の全体に貢献していきたい」と語った。

一方、ボストン・グローブの発行責任者リチャード・ギルマン氏は、「メトロ・ボストンはグローブ紙の強力な読者層と広告主層への補強になる。この協力関係はボストンの広告主に新たな刺激を与えることになるだろう」とコメントした。

2　ライバル無料紙も続々

欧州で支持される『20分』

『メトロ』に対抗する形で、同じビジネスモデルを追求するライバル紙が続々と生まれている。

ノルウェー最大のメディアグループであるシプステッドは、一九九九年に『20 minuten（ツヴァンツィヒ・ミヌテン）』（ドイツ語で「20分」の意）をスイスのチューリヒで創刊した。

その後、ベルン、バーゼル、スペインのマドリード、バルセロナなどに進出。フランスではパリをはじめとする六都市に浸透し、トゥールーズでは地元紙と記事・広告で提携を結んでいる。スイス、スペイン、フランス三カ国で二七版二三〇万部を発行。題字は『メトロ』の緑に対抗して青を統一色にしている。

『メトロ』を撃退した英国のアソシエイテッド・ニューズペーパーズは、ロンドンなど計一六都市で、同じ名前の英国版無料紙『メトロ』を発行している（注2）。さらに同じアソシエイテッド傘下から、『スタンダード・ライト』が二〇〇四年一二月に、フィナンシャル・タイムズからビジネス夕刊無料紙『FTpm（エフティー・ピーエム）』が〇五年四月に創刊された。これらはいずれも街頭での手配りに頼っている。

『20分』パリ版の紙面

さらにメディア王と称されるルパート・マードック氏のニューズ・コーポレーションが〇六年九月、夕刊日刊無料紙『ザロンドンペーパー』を立ち上げると、アソシエイテッドは『スタンダード・ライト』を廃刊し『ロンドン・ライト』を先駆けて創刊するなど、あわただしい動きを見せている。

『エイエム・ニューヨーク』や『エクスプレス』

ニューヨークでは、トリビューン社から資本参加による後押しを受けて、二〇〇三年一〇月に『am New York（エイエム・ニューヨーク）』が『メトロ』を迎え撃つ形で創刊された。市内で三二万五〇〇〇部（〇五年二月現在）を発行。同じタブロイド判だが、ページだては月曜から木曜までが三〇ページ台、金曜は四〇ページ台と、『メトロ』よりもボリュームがある。発行人兼CEO（最高経営責任者）のラッセル・パーガメント氏によると、『エイエム・ニューヨーク』の発行の目的は若者対策に尽きるそうである。

『メトロ』が発行されていない首都ワシントンDCでは、すでにライバル二紙が争っていた。伝統的有料紙の代表格『ワシントン・ポスト』と、新興メディア資本によるものだ。『ワシントン・ポスト』は〇三年八月にタブロイド判『Express（エクスプレス）』を創刊、市内の地下鉄駅周辺での配布をはじめた。三六ページだての紙面は、『ワシントン・ポスト』本紙の記事の要約と、APからの配信記事によって構成されている。想定読者の中心

ワシントンＤＣの地下鉄出入り口前で仲良く無料紙を手渡す『エクスプレス』（左）と『エグザミナー』の配布人

は、「首都圏に住む一八歳から三四歳までの若年層」。簡潔な記事と短時間で読める紙面づくりと体裁は『メトロ』と共通している。

無料紙創刊の第一の動機は、『メトロ』進出の防波堤用だが、狙いはほかにもある。『ワシントン・ポスト』本体の経営は広告収入が総収入の七五％を占める。そのポスト紙の発行部数が〇二年に前年比で一・九％落ち込み、七四万五〇〇〇部に低下したことが、無料紙発行の直接の契機になった。本紙の販売部数を拡大して売り上げを増やすより、広告の総収入を拡大するほうが効率的で得策、との戦略的な判断があったという。いずれ『メトロ』が進出してくれば、読者と広告主を奪い合うことになる。これらを囲い込んでおくためにも無料紙への事業展開は必要だ、という経営判断があったようだ。『エクスプレス』は創刊当初の一二万五〇〇〇部から、わずか一年で一七万五〇〇〇部まで部数を伸ばした。

『ワシントン・ポスト』は同時に、ワシントンDC郊外のメリーランド州の四郡で週刊無料紙『ガゼット』を約一〇〇万部発行、各戸に配布している。クオリティーペーパーの『ワシントン・ポスト』と都心通勤者向け無料紙の『エクスプレス』、家庭の主婦向け『ガゼット』の三紙誌を立て、最大限に広い読者層をカバーしようとしている。

富豪が立ち上げた『エグザミナー』

ワシントンDCのもう一つのライバル紙は、二〇〇五年二月に、コロラド州デンヴァーの富豪が経営する投資会社クラリティ・メディアが創刊した『Examiner（エグザミナー）』（写真）だ。こちらは六四ページだて。富裕層への宅配が売り物で、計二六万部を発行する。サイズは『エクスプレス』より、ほんの少しだけ縦長。内容はAP、AFPなどの通信社電のほか、『ニューヨーク・タイムズ』の配信記事も掲載している。社説や風刺マンガも掲載、新聞としてやや本格的で重い内容だ。宅配の対象世帯は年収七万五〇〇〇ドル以上の高額所得者に絞っている。

クラリティ・メディアは、〇三年に無料化した西海岸の日刊紙『サンフランシスコ・エグザミナー』を〇四年二月に買収し、メディアの注目を集めた。その余勢を駆って翌年、ワシントンDCに進出した。一八州都で題号登録を済ませているといわれ、〇六年八月にボルティモアでも創刊した。

その富豪の名は、フィリップ・アンシュッツ氏。無料紙だけでなく、ハリウッドでのコンテンツ制作や映画館チェーンの買収など、全米のメディア事業に乗り出しており、マードック氏とともに、その動向が注目されている。

The Examiner.
WASHINGTON
HOMEGROWN HOPE
Suspect's brother says he's sorry
Local boy sets sights on pitching for Nats
Bush looks to heal ties in Europe
Israeli Cabinet OKs Gaza pullback
Kennedy Center lineup goes retro
Area residents line up to pitch hot dogs
Opening Doors,
ACT College

ワシントンDCで発行される『エグザミナー』の紙面

スペインで四紙、韓国では七紙

スペインは有数の無料紙大国になっている。二〇〇一年『メトロ』と同時に、ノルウェー資本の『20

ソウルの地下鉄ソウル市庁前駅の出入り口には六紙のラックが並び、通勤客が日刊無料紙を手に取って行く風景が日常となっている

分』が進出。さらに二紙に対抗して〇五年一月、国内の出版資本が『Qué!（ケ！）』（スペイン語で「何！」の意味）を創刊、〇六年三月には国内メディア資本グループのもう一つの新しい無料紙『aDn』がこれに続いた。この結果、四紙の総発行部数は四〇〇万を超え、国内で発行される日刊紙発行部数の四割を占めた。〇五年には『20分』が有料紙『エル・パイス』を抜き総合紙部門で部数一位の座に輝いた。

韓国ソウル市では、二〇〇〇年に最初の日刊無料紙『Daily ZOOM（デイリー・ズーム）』が発行されていたが、〇二年に『メトロ』が上陸したのを追って相次ぎ創刊された。

『DAILY FOCUS（デイリー・フォーカス）』は『メトロ』の韓国人スタッフの九割を引き抜いて、翌〇三年六月に立ち上げられた。この二紙に続いて、同年一一月から〇五年一〇月までの二年間に、『AM7（エイエム・セブン）』『GOOD Morning SEOUL（グッドモーニング・ソウル）』『スポーツ韓国』『UTピープル』の四紙が続いた。

しかし、〇六年になって『グッドモーニング・ソウル』が休刊し、『デイリー・ズーム』は身売りが取り沙汰《ざた》されるなど、無料紙の経営を支える広告市場の限界が見えた、とも語られている。

3　無料紙が伸びる土壌

新聞を読まない層に浸透

なぜ無料紙が爆発的に伸びつづけているのか。その背景として、スペイン、バルセロナ大学のジョルディ・ベントゥーラ教授（広告マーケティング論）は、同国民の有料紙購読率の低さを挙げる。ユネスコの調査（二〇〇〇年）によれば、人口一〇〇〇人当たりの新聞発行部数がスペインは一〇八部、米国が一九八部。ここに無料紙の大きな市場が存在したというのだ。

スペインの場合、無料紙の読者層の中心は、女性と低所得層、移民層。「これまで、情報を印刷物ではなくテレビやラジオから入手してきた人たち」であり、購買力を持つ一四歳以上の国民を所得別に上、中、下の三段階に分け、さらにそのそれぞれを上、中、下の三段階に分けると、「下の上」と「下の中」に属する人々が、無料紙の主要読者層を構成しているという。「この傾向を考えると、今後、経済成長が見込まれるインド、パキスタン、中国で無料紙ビジネスは大成功を収めるだろう」と予測する。

購読率が高い国にも市場が存在

日本の人口一〇〇〇人当たりの新聞発行部数は五六六部。それに匹敵する四〇九部のスウェーデンで『メトロ』が誕生したのはなぜか。

創案者ペッレ・アンデション氏は、『メトロ』創刊の使命を「新聞を読めない人々に新聞を届けることだった」と説明する。スウェーデンでも、一九五〇、六〇年代には一日当たり三五～四〇分だった平均的な新聞の閲読時間が、毎年二〇秒、三〇秒と減りつづけ、二〇〇〇年には二〇分にまで落ち込んできたという。政治家や経営者からシングルマザーに至るまで、現代社会には時間がなくて困っている人がたくさんいる。

アンデション氏が以前に働いていた新聞社で、購読をやめてしまった人たちにその理由を聞くと、「読む時間がない」「値段が高すぎる」という答えが返ってきた。にもかかわらず新聞社は、ページ数を増やして読むのに時間がかかるようにし、さらに値段も上げた。読者の意向と反対の対応をとってきた。そこでアンデション氏らは「市場が望んでいるものは読むのに時間がかからない無料の新聞。これを発行すれば新聞市場で勝つことができる」と踏んだのだった。

こうした創刊の経緯を踏まえると、スペインと対照的なスウェーデンなどの有料紙の購読率が高い国でも、時間やお金がない人たちを対象にする無料紙市場は確実に存在することになる。

4　紙面の質をめぐる競争で二紙が限界？

独自取材の地元記事が増える

日刊無料紙の経営上のメリットは、通信社の記事を活用することで、編集コストを低く抑えるところにある。しかし、各地でライバル紙が数多く登場し、競争が激化するなかで、地元記事を多く載せる争いに巻き込まれつつある。当然のことだが、通信社からのニュースを簡潔に掲載するだけでは、無料紙の経営を支える読者や広告主を満足させることが難しくなってきているためだ。

スペインの『メトロ』は創刊当初、スペインの通信社ＥＦＥ（エフェ）からの配信記事が紙面全体の九〇％を占めていた。これを「第一世代」と呼ぶなら、通信社の記事のなかでも、地元ニュースを大きく扱うようにした二〇〇五年四月の紙面改革以降が「第二世代」。そして、〇六年に同紙記者の独自取材による地元ニュースを紙面全体の四割程度に充実させたものが現在の「第三世代」になる。

スペインの『メトロ』をそこまで追い込んだのが、『20分』だった。創刊当初から若者や女性向けのニュースを重視し、「性の初体験、アンケートで一六歳がトップ」といった記事をフロント面に大きく載せてきた。女性スポーツ選手の連載インタビューのほか、読者が書いたものを署名入りで掲載している。たとえばバルセロナ版の場合、トップ記事の九割は地元出稿記事である。『ケ！』は、身近な事件、事故など社会面的な情報をやや扇情的に扱って特色を出している。

ニューヨークの場合でも、『メトロ』が通信社の配信記事を簡潔にまとめて掲載しているのに対し、『エイエム・ニューヨーク』は、有力紙『デイリー・ニューズ』から特ダネ記者を編集長に引き抜いて、独自ニュース重視路線を貫いている。「アルカイダ攻撃の警告を連邦政府は五一二回も受けていた」(〇五年二月一一～一三日付)、「空港のニアミス、七週間で一九回」(同二四日付)といった独自ニュースを一面トップに置いていた。

韓国では『デイリー・ズーム』が、一〇代の若者を狙って独自の漫画路線を展開するなど一般紙との差別化を図っているほか、スポーツ紙が一般紙を、一般紙がスポーツ紙を、夕刊紙が朝刊紙をそれぞれ無料紙として発行している。

こうした紙面の質をめぐる競争は、当初無料紙が有料紙にくらべ圧縮できた編集コストを押し上げ、経営そのものの土台を揺るがす結果にもなりかねない。

市場は飽和状態で休刊も

韓国の言論批評専門誌『メディア・オヌル』（「今日のメディア」の意）は、「日刊無料紙が生き残る（採算が合う）ためには一日七〇〇〇万ウォン（一〇〇ウォン＝約一一円）以上の広告売り上げが必要であり、二つの日刊無料紙（『メトロ』と『デイリー・ズーム』）が年三〇〇億ウォン規模の広告市場を形成するようになる」と論評した。

しかし、韓国での無料紙の勢いは二〇〇三年をピークに頭打ちになった。有料スポーツ紙『ソウル・スポーツ』が無料紙の攻勢に先手を打つことを狙って〇四年三月に創刊した『グッドモーニング・ソウル』は〇五年八月に休刊。〇四年六月に創刊した『デイリー・ズーム』は、経営事情を好転させることができず、一年後には『メトロ』の傘下に入るとの憶測が飛び交った。結局、スポーツ用具メーカーからの出資を受け、かろうじて生き延びているという。

こうした傾向について、『韓国日報』が創刊した無料紙『スポーツ韓国』のキム・ウォンシク広告マーケティング副局長は、「無料紙の広告市場の規模は、合計発行部数一五〇万部程度が広告の奪い合いのために料金の引き下げをしなくも済む限界。公称発行部数とはいえ、その合計が二五〇万部に達する現状は広告を奪い合う状態、つまり、すでに飽和状態に達した」と述べている。

一国の、または一都市圏の市場で、いくつの無料紙が経営を成り立たせることができるだろうか。スペイン日刊紙協会のアントニオ・カンブレド会長は、「二紙が適当な線だろう。トップの一紙は利益を出し、もう一紙は損益ぎりぎり、他は生き残れるかどうかだ」と言う。その理由として、無料紙の読者層が若者や女性、移民から、他の層に広がらない傾向を指摘した。「インターネットも競争相手。全国レベルの広告はテレビと競合する。地方の広告も思うように集まっていない」というのだ。

韓国の例を見ても、確かに損益分岐点を超えているのは二紙だけだ。日刊無料紙の広告市場には、おのずと限界があり、いの一番に進出したものが最も有利。つまり先行者利益が大きい市場であるようだ。

5　広告だけで新聞ジャーナリズムは成り立つか

配送費をやめれば無料で提供が可能

『メトロ』に代表される日刊無料紙の登場は、これまでの新聞ジャーナリズムのあり方を揺さぶるものでもある。購読料収入に支えられた経営の土台がしっかりしていないと、新聞が持つ言論機能の独立性は損なわれる。広告収入への依存度が高まるにつれ、新聞ジャーナリズムの危機が叫ばれてきた。

日刊報道という公共圏域において、広告だけで成り立つ無料紙のジャーナリズムは担保されうるのだろうか。また、公平かつ客観的な視点で報道すべき記者の報酬が広告主から支払われることに、記者自身はもちろん、読者は違和感を持たないか。こうしたさまざまな疑問を『メトロ』創案者のアンデション氏（写真）にぶつけてみた。その答えは以下のようなものだった。

この章の冒頭で触れたが、アンデション氏は学生時代に新聞の発行収支について学び、発行経費全体の二五〜三〇%を占める配送費と購読料収入がほぼ同額であることを知り、配送の問題さえ解決できれば、新聞を無料で配布することができるのではないかと考えた。このアイデアは、新聞は市民に討論の場を提供し、民主主義の核心につながるとの確信にもとづいている。要するに、有料紙の経営要素のなかから配送費を除けば、読者が無料で新聞を読めるようになるということにすぎず、新聞の報道内容にはなんら支障がないとの立場である。

『メトロ』のアイディアを考案したペッレ・アンデション氏

アンデション氏は、「値段があるから価値がある」または「無料で配られるものには価値がない」といった価値観にも否定的だった。「価格が価値を表す」という、いわゆる商品ブランド思想を批判し、「この考え方はいずれ消滅する」と断言した。

これは新聞についても同じで、ブランドだけで売る新聞は長い目で見れば衰退する。ブランド化はマスメディア時代の産物であり、新聞だけが

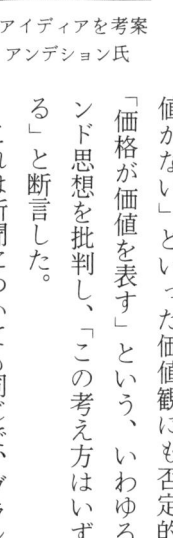

人々の考え方を導くメディアであった時代には成立したが、インターネットでのブログなど、ふつうの人々にも巨大メディア市場に参入する機会が与えられている今日の社会では通用しないという。

読者の時間を広告主に売る

記者の報酬が読者ではなく広告主によって支えられていていいのかという問題についても、アンデション氏は、明解に答えた。「読者の購読料によって得るべき収入を広告に依存している」という非難はまったく的はずれであるという。

彼によれば、有料紙も無料紙も、同じものを売っている。記者は読者が読むための記事を読者に提供し、その引き換えに読者から読むために費やす時間をもらう。その読者から得た時間を広告主に売っているにすぎない。記事が面白いから、読者はそれを読むための時間を割く。無料紙のビジネスも、広告主の手にあるのではなく、間違いなく読者の手のなかに委ねられている。読者の信頼と時間をもらえなければ、広告主に売るものは何もないからだ。

フリーペーパーは、民放のビジネスを紙の世界で実現したものにすぎないと指摘する人がいる。それも当たっていると思う。しかし、新聞ジャーナリズムという信頼性、信憑《しんぴょう》性《せい》を旗印にした報道分野で、受益者から一切お金を取らない無料ビジネスがその言論性をどこまで本当に守れるのか。海外の無料紙の動きと成果を今後も注視していかなければならない。

注1　http://www.newspaperinnovation.com/index.php/about-free-dailies/

注2　英国版『メトロ』が発行されている一六都市は、バース、バーミンガム、ブリストル、ブライトン、カーディフ、ダービー、エディンバラ、グラスゴー、レスタシャー、リーズ、リバプール、ロンドン、マンチェスター、ニューカッスル、ノッティンガム、シェフィールド。
http://advertising.metro.co.uk/regionalrates.htmlを参照

第五章　日本に『メトロ』が登場する日

1 『ヘッドライン・トゥデイ』の挑戦と挫折

「日本のメトロ」、四カ月で週刊化

『メトロ』を参考に首都圏で同じビジネスモデルを追求しながら、創刊から四カ月で週刊に転じた日刊無料紙が存在した。『HEADLINE TODAY（ヘッドライン・トゥデイ）』である。

同紙は二〇〇二年七月に創刊されたものの、赤字経営が続き、同年一一月に『TOKYO HEADLINE（トウキョウ・ヘッドライン）』と紙名を変え、週刊紙（毎週月曜発行）として再出発した。翌〇三年二月から産経新聞と国内記事配信の契約を結び、今日に至っている。

日刊紙経営がつまずいた要因を結論づけて言うなら、日刊無料紙を発行するための条件である①通信社との記事配信契約、②地下鉄駅構内でのラック設置、③大手広告主の確保、のいずれもが整わなかったためだ。むろん発行責任者はこれらの条件を整えるよう奔走したが、協力は得られず孤立無援のままの見切り発車となった。

海外のモデル事業を日本にもと構想

「元全国紙記者でネットビジネスに携わる友人から、おい『メトロ』って知っているかと聞かれ、関心を持ったのが始まりです」。『ヘッドライン・トゥデイ』の顧問だった石村賢一氏は、創刊のきっかけをこう話す。二〇〇一年のことだ。

石村氏は一九六二年、東京生まれ。アスキー社長室広報担当やセコムのネットワーク事業部を経て、九九年にインターネットサーバー事業会社、Eストアーを設立した。現在も同社の社長である。

ネットビジネスで知り合ったその友人いわく、「情報はただで手に入るのが当たり前の時代になる。新聞の収益構造が変わる」。「それは面白い」と早速、調査のためメトロ・インターナショナルの本部にメールで問い合わせたところ、副社長が経営情報やノウハウを詳しく教えてくれた。無料のタブロイド新聞を駅の改札口近くで受け取り、車内で読んで降車後に捨てていく様子を夢のように想像した。

自分には資本がないしマスコミ業界に人脈もない。「だれかこの事業を日本でやってくれないか」。アスキー時代に知り合った友人の一人、宇野康秀ＵＳＥＮ社長の顔が浮かんだ。会うたびに「次はメディアだ」と口にしていたからだ。『メトロ』発行の話をすると、「面白いね。日本でやるならいくらかかる」。「最低四〇億円」。「日本では新聞業界から刺されるかもしれないが、やってみるか」。

宇野氏は六三年、大阪生まれ。リクルートに入社後、人材派遣会社、インテリジェンスを立ち上げ、父が没した九八年に大阪有線の社長を継いだ。〇〇年、有線ブロードバンドネットワークスと社名を変更し事業を全国に広げ、〇五年三月、さらに社名を「ＵＳＥＮ」に変えた。企業買収や提携に力を入れ、映画配給会社、ギャガ・コミュニケーションズの社長となった。有線サービス事業を軸にメディアに触手を伸ばす若手ＩＴ起業家の一人。堀江貴文氏が逮捕されたライブドアの救世主として名乗りを上げ、一躍脚光を浴びた人物である。

発行の準備段階から脅しや妨害

「発行責任者はこの人しかいない」と、石村氏は宇野氏に元週刊サンケイ記者の中山清美《きよはる》氏を推した。石村氏が高校生のとき、友人の紹介で知り合って以来の親友である。中山氏は当時、大学生だった。

中山氏は一九五七年、鹿児島県生まれ。週刊サンケイ記者の後、主婦の友社、エスクァイア日本版、週刊テーミスなどの編集者を経てフリーの作家として歩みはじめていた。「海外の『メトロ』を知ってる？」と尋ねる石村氏に、「知らないわけないだろ」と答えた。「日本でこの事業に金を出したいという人がいるけど、興味ある？」とさらに聞かれ、中山氏は「それはオレの仕事だ」と請け合った。一度は作家として身を立てる決心をしたものの、石村氏の言葉でジャーナリズムの新境地に賭ける思いに火がついたのだ。

元大手紙記者を編集長に据え、編集部員一〇人、広告営業と総務を合わせて計二〇人足らずの小部隊で資本金は一億円。代表取締役社長には中山氏が就任した。石村氏は本業のネットビジネス事業を優先して取締役を避け、顧問に就いた。

大手の通信社に頼めば、記事は提供してくれるだろう。営団地下鉄（現東京メトロ）に金を払ってラックを置かせてもらおう。印刷所だって喜んで刷ってくれるに違いない。広告も大手代理店がナショナル・クライアント（全国レベルの広告主）を紹介してくれる。そう踏んで東奔西走した。

しかし、その後、石村氏が「浅はかだった」と振り返るように、彼らはさまざまな困難にぶつかることになる。普段は目に見えない既存紙・通信社業界の高い壁がそこにあった。

中山氏に大手紙幹部と名乗る男から電話がかかり、「日本で日刊無料紙発行などもってのほかだ」と怒鳴ってきた。名乗らぬ者から電話がかかり「電車のホームでは気をつけろ」「女房子どもを実家に帰したか」と脅されたこともある。歩道橋上を一人で歩くときは背後に気を配った。通勤のホームでは立つ位置に気をつけた。創刊間際は電車に乗らずタクシーを利用した。

通信社も広告会社も非協力的

記事配信を国内の通信社に申し入れたが、徒労に終わった。共同通信社には「有料紙の加盟社からお金をいただいている社団法人としての立場から協力はできない」と門前払いを食わされた。時事通信社には常務に直接会いにいき、いい感触を得た。提供データや料金の話まで進み、いざ契約という段になって、担当者から「ご協力できません」と断られた。この結果、英国のロイター通信と国際経済系の米国ブルームバーグの二社とだけ契約することになった。

ロイター通信の記事には東京支局が取材したものもあるが、最終的に時事発のクレジットが付くため、国内記事を取ることは断念した。結局、国内記事は掲載できない外電新聞になってしまい、広告を集めるハードルは高くなった。

頼みの広告業界も大手代理店の反応はよくなかった。電通を筆頭に、「様子を見させていただきます。ただちには協力できません」と、取り次ぎを軒並み断られた。一定の実績がないと広告の仲介はできないというのだ。

経営の土台である交通機関での置き場所の確保も暗礁に乗り上げた。営団地下鉄に駅構内でのラック設置を申し入れたところ、「ニュースを扱う無料媒体を駅構内に入れることはできない」と断られた。駅構内の売店で売られている新聞や雑誌の売り上げに影響を与えかねないとの理由からだ。ＪＲ東日本の駅構内の広告事業を引き受けている関連会社、ジェイアール東日本企画にラック設置を頼んだが、やはり断られた。

印刷はスポーツ新聞系の印刷会社に委託することになっていた。段取りを詰めるため、毎日のように担当者がやってきていたが、創刊の数日前という土壇場になって「印刷できなくなった」と断ってきた。このほかに印刷所を三カ所確保してはいたものの、さすがにこの一件は応えた。

新聞用紙の確保にも手間取った。大手製紙会社から「売れない」と言われ、別の小さな会社から取り寄せることにした。中山氏は業界全体に包囲網ができていることを感じた。

大きな注目を浴びて念願の創刊

孤立無援のなか、『ヘッドライン・トゥデイ』は、二〇〇二年七月一五日、タブロイド判二四ページだて（八ページカラー）でスタートした。公称二〇万部。中国に発注した水色の専用ラックを主要駅のそばの証券会社や携帯電話店など都内二〇〇カ所に設置した。さまざまな困難のなかで創刊に乗り出した国内初の日刊無料紙は、大きな注目を集め、多くの雑誌がこれを報じた。

紙面のニュース記事はロイター通信とブルームバーグの外電ものばかり。芸能から政治ゴシップ、スポーツに至るまで海外情報が満載というバタ臭い紙面となった。皮肉なことに、個性的な紙面は話題を呼び、一般紙を読まない若い世代から歓迎された。

しかし、通勤客がピックアップする場所にラックを置けない悪条件が致命的だった。ラックに七割以上残る日も多く、赤字がたまった。カラー全面広告一ページ一八四万円の広告収入で賄う計画だったが、ネット系の広告がいくつか集まる程度で、創刊当初、発行に要した費用は一日数百万円、月に数億円にのぼった。翌八月には増資によって得た一億五〇〇〇万円を注入した。しかし、三カ月たっても一日平均約一〇〇万円、月に三〇〇〇万円の赤字が出た。「年に三億円の赤字では一年もっても一〇年は続かないなあ」と宇野氏も困惑しはじめた。

日刊で創刊された『ヘッドライン・トゥデイ』

古巣の元上司から支援話

中山氏の話によると、創刊間際に産経新聞社時代の元上司から連絡があった。本社に出向くと当時の専務、住田良能《ながよし》氏（現在の社長）が応対した。「韓国や香港に『メトロ』が進出して、日本の新聞界が警戒している今、国内で日刊のフリーペーパーを発行するなんて時期が悪すぎる」と言われた。

その後、何度か住田氏と折衝を重ねた。「無料紙はあきらめ、定価をつけたらどうか」「他紙に折り込んでみてはどうか」「うちの工場で印刷しないか」などの条件も示された。中山氏は「定価をつけたら、存在意義がなくなる」と無料紙の発行継続にこだわった。

しかし、厳しい広告事情を考えると他の条件はのまざるを得ない。結局、週刊にし、国内記事の配信、産経新聞への折り込みと印刷委託を決断した。こうして翌〇三年二月からの産経新聞社との提携が成立した。

毎週月曜発行で再出発するため、紙名を「トウキョウ・ヘッドライン」に改めた。印刷費は減り、広告集めが楽になった。毎月の赤字は、桁が一つ少なくなった。中山氏は責任を取る形で〇三年五月に代表取締役社長を降り、編集長に専念することにした。石村氏は〇三年六月に顧問を辞した。

ストレートニュースに固執し対立

「私たちの新聞が目指すのは、できるだけ多くのニュースを短くストレートに伝えること」

「情報をジャーナリズムだとかいって味つけせずにそのまま伝えて、好きか嫌いかはそれぞれの読者が判断すればいいと思うんです」

「私たちは新聞を叩き潰そうなんて思ってはいないんです。これまで新聞を購読していなかった人が手にとってくれればいいと」

「インターネットが出現したとき紙媒体の危機といわれましたけど、今でもちゃんと共存し、新聞社も独自のサイトを持っている。要はうちもネットの草創期と同じで、フリーペーパーでありながら本格的なメディアを目指していくだけ」

この時期、ある雑誌のインタビューで、中山氏はこう答えている。

ストレートニュースの追求と日刊化の復活が頭から離れなかった。記者には現場へ足を運ぶことを勧めた。スポーツ担当に「アメリカでスポーツを全部見てこい」と長期出張させたこともある。

しかし、経営を支える宇野氏は、娯楽性の強い雑誌的な編集の方向を望んだ。中山氏との間に溝が生じはじめた。これを察知した石村氏は、いまだに赤字をたれ流す経営状況を踏まえて「オーナーが右というのだから右にいくしかない」と中山氏に妥協を迫った。中山氏は二〇〇三年一一月、『ヘッドライン』を離れた。

つねに仲介役だった石村氏は当時の二人のすれ違いをこう総括する。「中山さんはジャーナリズムという言葉に、宇野さんはメディアという言葉に敏感だった」。

新しい布陣で単独黒字を達成

〇七年現在、同社社長には広告会社、大広出身の一木広治氏が昇格。編集長には中山氏の右腕で東京スポーツ記者出身の本吉英人氏が座り、同紙の運営を切り盛りしている。芸能ニュースや音楽情報を中心に、娯楽性の強い紙面を展開する。都営地下鉄や横浜市営地下鉄などでラック設置を許され、東京と神奈川での設置個所は一二八〇カ所に及ぶ。CDレンタルチェーンやコンビニにも置くスペースを広げ、背の低い水色の専用ラックが街角に目立つようになった。

発行部数は三五万部まで増えた。オールカラーになって広告も増え、二八ページだてに増ページする週もある。〇四年四月に初の単独月間黒字を達成した。読者層は二〇歳から三四歳までが全体の六七％を占める。〇六年五月には正式にＵＳＥＮグループの傘下に入っている。

『ヘッドライン・トゥデイ』創刊の軌跡は、日本ではじめての日刊無料紙発行に挑戦したという点だけでなく、日本の新聞界の実態をあぶり出した点で重要な意味を持つ。欧米やアジアの一部で日刊無料紙が大量に発行されている現実とくらべて、いかに新規事業の参入には障壁が高いかを明らかにしたからだ。

国内初の日刊無料紙を立ち上げ挫折した体験を振り返り、中山氏はこう語った。「『ヘッドライン』はあまりにタイミングが悪すぎたのかもしれない。しかし無料紙の勢いはすでに無視できないものになっている。日刊無料紙はテレビ出現のときのように大手紙が自らの手で道を拓くのか、それともライブドアのようなまったくの門外漢によって旧体制が突き崩されて誕生するのか。いずれにせよ一般紙のクラス化、セグメント化が急速に進むことは間違いない」。

メトロ・インターナショナルが事前調査

『ヘッドライン』の挑戦に先立って、『メトロ』はすでに日本進出の機会をうかがっていたようだ。

『メトロ』の副社長が〇〇年に来日し、サンケイリビング新聞社の菊野善衛社長に面会して、日本進出をめぐる条件を聞き出した。東京に限らず、名古屋や広島など『メトロ』発行の条件を満たす都市に関心があると話した。

菊野社長は日本の新聞・通信社から国内記事配信を受けることや、地下鉄当局や大手広告代理店から協力を得るのは難しく、「日本での『メトロ』発行はほぼ不可能だ」と答えた。これに副社長はびっくりし、「そんな条件は外国なら簡単にクリアできるのに。日本は特殊な国だ」と感想を漏らした。

国内にビジネスパートナーがいない限り、当面、日本進出は難しいと判断したと見られ、〇二年四月に『metro』の商標を日本で獲得したものの、これ以降、表面上は日本上陸の動きはない。

2　首都圏に誕生する可能性

五年たって条件は変わったか

『ヘッドライン』の挑戦から五年以上たった現在、首都圏に日刊無料紙が誕生する条件は変化しただろうか。

若い世代の通勤客を中心読者とする『メトロ』型無料紙の広告市場は、首都圏にどのくらいの規模で潜在するのか。現実に発行された場合、読者はこれを歓迎するか。配布用のラックを置く場所を提供するＪＲや地下鉄など鉄道会社は、どのような対応をとるか。メトロ・インターナショナルをはじめとする外資が日本に進出してくる可能性はどうか。対抗上、先行して日刊無料紙市場への進出を検討している大手紙があるのではないか。

まず、日刊無料紙の読者層は、首都圏にどれくらいの規模で存在するのか。国土交通省が五年ごとに実施している調査『平成17年　大都市交通センサス首都圏報告書』によると、二〇〇五年に首都圏で鉄道を利用する通勤・通学客（定期券利用者）は約八〇五万人いるが、このうち約一八八万人が二〇代、約一六九万人が三〇代で、日刊無料紙の主要読者と想定される若年層の合計は三五〇万人を超える。

無料紙の経営を支える広告需要はどの程度あるのか。広告業界では、少なめに見て一五〇〇億円、多めに見れば二三〇〇億円といった数字が語られてきた。第三章で先述したように、メディア開発綜研が〇五年度の市場規模として挙げた四〇八二億円が唯一の試算である。

『R25』と『ヘッドライン』を参考に

首都圏の『メトロ』型日刊無料紙を支える広告市場を推計する手だてとして、『R25』『トウキョウ・ヘッドライン』という既存の無料紙誌の例を参考にすることにした。『メトロ』型日刊無料紙のビジネスモデルは、①ふだん新聞を読まない若い通勤者が想定読者層、②地下鉄などの駅構内にラックを置き通勤者に取らせる配布方法、③通信社から提供される原稿を二〇分程度で読み切れるよう簡潔にまとめたニュース記事、によって成り立っている。右に挙げた二紙誌はいずれも①と②の条件は満たし、首都圏の鉄道網を利用する若い通勤者が構成する広告市場に食い込んでいる。

『R25』は〇四年七月の創刊。A4変型判五二ページ（記事三二ページに広告二〇ページ）が基本で、毎週木曜に東京・神奈川・埼玉・千葉の一都三県で六〇万部を発行している（発行部数は公称、以下同）。想定読者の中心はM1層。この世代は、消費活動が活発なため広告主には魅力的な存在だが、ライフスタイルが変化しているために既存のメディアを通じてのアプローチが難しくなり、広告業界からは「空白の世代」とも呼ばれてきた。『R25』は日本の無料誌としてははじめて、この世代の男性を想定読者の中心にして設計、創刊された。駅構内や周辺の書店、コンビニなど四七〇〇カ所に配布ラックを置いている。

『メトロ』と異なるのは、週刊であること、一般のニュースを扱わないことだ。

『R25』のホームページによると、同誌の読者の男女比は七対三。読者全体の五一％、男性読者のうち七〇％がM1層に属している。全体の平均年収は四〇〇万円。一カ月の小遣いは八万円。

同誌の藤井大輔編集長は、「読者の半数がM1層。一冊を三人が読むとすれば、約一〇〇万人のM1層に情報が伝わる」と言う。

なぜ、週刊にしたのか。日刊化の計画はなかったのか。

藤井氏は「日刊、週刊、月刊の三つの可能性を考えた。日刊にしたほうが読まれる可能性があるとは思ったが、印刷設備やコンテンツのことを考えると現実的ではなかった。月刊では浸透しにくいと考えて週刊にした」と話す。

リクルートは『R25』の広告収入に関する数字を公表していないが、広告業界ではページ当たり二五〇万円、一号当たり二〇〇〇万円から五〇〇〇万円、創刊から〇六年三月までの二一カ月間の総収入を二六億円程度と見積もっている。

もう一つのサンプルである『トウキョウ・ヘッドライン』は、タブロイド判全ページカラーで二四〜二八ページ。JR山手線内の主要エリアと都営地下鉄主要駅を中心とした一二八〇カ所に専用の配布ラックを置き、毎週月曜に、東京・神奈川を中心に三五万部を発行している。

同紙のホームページによると、読者層の中心はやはり二〇歳から三四歳までのM1、F1世代で、この両者が全体の六七%を占めるという。男女比は五二対四八。男性がやや多いが、ほぼ均衡している。読者の居住エリアは、東京都内が六五%で、神奈川一七%、埼玉八％、千葉七％、その他三％。

国際ニュースはロイター通信社とブルームバーグから、国内ニュースは産経新聞社から記事の提供を受けている。広告料金は掲載ページ、掲載場所によって細かく区分されている。本文一ページ全面広告料金（定価）は一二六万五〇〇〇円（別に制作費三〇万円）。広告業界関係者は、一号当たりの広告収入は一〇〇〇万円前後、年間収入にして十数億円と見ている。

新聞読者の無料紙への関心

日刊無料紙が誕生したら、首都圏の読者はこれを受け入れるだろうか。その場合、有料紙の定期購読は続けるのか。駅売りの有料紙についてはどうか——。

朝日新聞の読者を中心にした会員組織アスパラクラブが〇五年一二月に、「日刊無料紙があったら」と仮定したアンケートを、首都圏の一都三県に住むインターネット利用会員一八万一〇〇〇人に呼びかけ七五八一人から回答を得た。

「タブロイド判の日刊無料紙が駅周辺で毎日置かれたり配られたりしたら、読みますか」

との質問に、八一・七％が「読みたい」と回答した。この数字は、電車を利用して通勤・通学している人に限定すると八七・七％になる。年齢別では二〇代と三〇代が最も高く、ともに八六・四％だった。新聞を定期購読していない人たち（一四二人）の場合は、九七・二％にのぼっている。

「ふだん新聞を一日にどのくらいの時間をかけて読んでいますか（自宅や通勤・通学時、職場などすべて）」という質問に対する回答は、「二〇分〜三〇分未満」が最も多く二五・八％。「三〇分〜四〇分未満」二〇・六％、「四〇分から一時間未満」一九・四％、「一〇分〜二〇分未満」一四・五％となっている。「一時間三〇分以上」と答えたのは四％にすぎなかったが、この層も、七一・九％が日刊無料紙を「読みたいと思う」と答えている。

「読みたい」と回答した人に「主にいつ読みたいと思いますか」と聞いたところ、「夕方の帰宅時」がいちばん多く三八・二％だった。「朝の通勤時」は二八・七％で、「その他の時間帯」の三三・一％を下回っている。

「日刊無料紙で読みたいニュース・記事は何ですか」（複数回答可）に対する回答は、「事件・事故」六七・五％、「経済」六六・〇％、「政治」六〇・九％、「くらし情報」五六・

五％、「旅行・レジャー」四七・一％、「芸能」三三・九％の順で、娯楽情報よりも一般社会情報のほうが上位にきている。

「日刊無料紙を駅周辺で入手して読めるようになったら、現在の宅配新聞の定期購読はどうされますか」という質問への回答は、「無料新聞の内容次第」が五三・九％で半数を超え、「わからない」一九・一％、「その他」二四・八％だった（自宅では新聞を購読していない人が二・二％）。

最初の質問で「読まないと思う」と回答した人たちに、その主な理由を聞くと、「宅配新聞で十分だから」が三九・六％、「駅周辺でしか入手できないのは不便だから」が二九・三％、「読む時間が無いから」が一一・七％、「電車では新聞を読まないから」が九・五％だった。

また、全員に「スポーツ紙や経済紙など駅売りの新聞をふだん買うことがあるか」を質問したところ、「ふだんは買わない」が八一・九％だった。この質問で「買うことがある」と答えた人に、日刊無料紙が配布されるようになったらどうするかを質問したところ、「有料紙を駅売りで買って読み、日刊無料紙も読む」が二六・〇％、「有料紙を駅売りで買うのをやめて、日刊無料紙を読む」が二三・五％だった。この回答どおり、駅売りの新聞を買っていた人たちの四分の一が無料紙に乗り換えて新聞を買うのをやめるということになれば、駅売り有料紙の経営は重大な影響を受けることになる。

五年前に『メトロ』が進出し地元紙も含め六紙が競合する韓国では、既存の有料スポーツ紙が休刊するなど、駅売りの新聞が大きな打撃を受けた。夕刊フジの幾田進編集長は、「駅の『R25』のラックがすぐに空になり、若いサラリーマンが電車のなかで読んでいるのを見るだけでも、大変なことになったと感じている。また日刊紙が発行されるようなことにでもなったら大きな脅威だ」と話す。

鉄道会社の効率的な新ビジネス

〇二年当時、『ヘッドライン』の申し出を断ったＪＲと東京メトロにとっても、無料紙誌に配布用ラックを置く場所を提供するビジネスは、今や事業全体のなかで大きな位置を占めるようになっている。駅構内の環境さえ整えれば、置いた分だけ稼げる「濡れ手で粟《あわ》」の商売が魅力だからだ。

ラック設置代は鉄道の路線や駅によって異なる。たとえばJR東日本の場合、月に一台三万円強から四〇万円強の一〇段階に設定している。街なかのコンビニエンスストアの置き代三万円程度にくらべると高額だが、「はけ方が違うから、充分、割に合う」とフリーペーパーの業者から好評だそうだ。

ジェイアール東日本企画によると、駅構内にラックを設置するサービスをはじめたのは〇三年一二月のこと。実験的に首都圏約四〇駅にリクルート社の求人誌『TOWN WORK（タウン・ワーク）』と『住宅情報タウンズ』を置いた。乗客からの苦情はなく、翌年から本格的にこのサービスを導入、東京、神奈川、群馬、埼玉、栃木、千葉の約二〇〇駅に約四〇〇のラックを設置したところ、他の就職情報誌などからも参入希望が殺到した。〇七年八月現在、ジェイアール東日本企画は、現在契約しているリクルートなど八社から毎月計六五〇〇万円、年八億円弱の置き代収入を得ている。

東京メトロはここ数年で駅構内のスペースを無料紙誌に開放してきた。〇三年から、メトロ三誌（『アーバンライフ・メトロ』『メトロミニッツ』『メトロポリターナ』）に、東京メトロの沿線情報や広告を掲載するなどの条件をつけたうえで、改札口内のラック設置を認めてきたが、〇六年一〇月から、さらに六社一八誌を加えた。これにより、東京で発行される主な無料誌が勢揃いした。黒い専用ボックスを白いボックスに交換し、すべての駅の八割以上にあたる約一六〇駅に設置している。

新たに加わったのは『ぱど』『Coupon Land（クーポン・ランド）』『escala（エスカーラ）』のほか、それまで改札口外に置かれていた『R25』や『ホットペッパー』も改札口内の白ボックスに移された。さらに同年一一月に創刊された『R25』の女性版『L25』も加わった。全駅を乗降客数によって三ランクに分け、場所の組み合わせをセットにして契約している。白いボックスを有料で貸し出すことにより、年三億円の利益を見込んでいる。

一方、東京メトロの駅構内にある売店の売り上げは年々落ち込んでいる。全一九九駅の売上高は、〇五年が九七億円で一〇年前の一五九億円から四割減った。新聞や雑誌だけの統計はないが、全品目の四割以上を占める構図は変わらない。担当者は「飲料の自動販売機よりも無料誌を置くほうが今やもうかるかもしれない」と話す。

都営地下鉄と横浜市営地下鉄は、無料紙誌の配布ラック設置に当初から積極的だった。都営地下鉄は全線一〇一駅に計二二四台のラックを設置して『トウキョウ・ヘッドライン』などを置かせている。主なラックは一つに一六のカゴがあり、一カゴの使用料が月九〇〇〇円。これを利用している無料紙誌は四〇種類を超える。電飾看板ごとラックにしたものなども含めると、年の収入は約四億円を大きく上回る。

地下鉄建設費で約五〇〇〇億円の借金を抱える横浜市営地下鉄は、六年前に求人誌の配布用ラック設置を受け入れたのを契機に、業者の希望をすべて申し込み順で受け入れてきたが、現在は設置の受け入れを休止している。三二駅に計約五〇〇台のラックを設置、二四の無料誌を並べ、年六四〇〇万円の収入を得ている。駅によってはラックが構内を埋め尽くす飽和状態で、美観上の問題も指摘されるようになったため、ラック一台につき入る冊数を増やして整理し、料金を値上げしてきた。

日本の新聞社が発行する可能性

さて、近い将来に日本の新聞社が無料紙を自ら発行する可能性は、どの程度あるのだろうか。

前章で触れたように、米国では高級紙『ワシントン・ポスト』が〇三年八月にタブロイド判の日刊無料紙『エクスプレス』（標準ページだては三六）を創刊した。やはり米国の高級紙の一つである『シカゴ・トリビューン』も、日刊無料紙『RedEye（レッド・アイ）』を創刊した。たてページは三六〜六八ページ、発行部数は三二万部。両紙とも、『メトロ』の進出に対抗するために創刊されたもので、体裁も読者層の設定も『メトロ』に似ている。

〇五年九月に東京で開かれた読売メディア・フォーラムでは、パネリストとして出席したワシントン・ポストのボー・ジョーンズ発行人とシカゴ・トリビューンのジェームズ・オシーア編集局長が、無料紙発行に至るまでの両紙の状況と今後の方針を報告した。やはりパネリストとしてこの会議に参加した英国タイムズのロバート・トムソン主筆は、同紙がその二年前にブランケット判からコンパクト判への判型変更に踏み切った理由を説明した。この選択の背景にも、ロンドンで一三〇万部を発行する巨大な媒体に成長した日刊無料紙の存在があったということだった。論議の中心には、「新聞を読まない若い世代に向けて、何かをしなければならない」という新聞人に共通する切迫した思いがあった。

フォーラムのコーディネーターを務めた読売新聞の滝鼻卓雄社長（当時）は、「日本の場合は戸別宅配率が九割以上あるために、フリーペーパーの発行は非常に難しい環境下に置かれている。ヨーロッパの『メトロ』のような新聞を東京でも発行しようとする動きは数年前にあったが、結局、成功しなかった。便利さを求めて新聞の形態や中身が変わる可能性はあるが、新聞本紙を補完するためにフリーペーパーを出そうという動きは、日本にはまだ見られない」との趣旨の発言で、日本の状況をまとめている。

日本のほかの新聞の経営幹部は、どのように考えているのだろうか。

産経新聞の住田社長は、「日本でも、経済の規模を考えれば、日刊の無料ニュース紙が誕生する余地は充分にあるが、それが難しい理由と状況は『ヘッドライン』の創刊時とまったく変わっていない。バリアが、まだ存在している」という。しかし、その一方で、「コンテンツと資本と流通機能をあわせ持つ連合体であれば発行は可能だろう。コンテンツは、既存の有料紙や放送局でないと面白い商品はつくることができない。経営が軌道に乗るまで持ちこたえられる資本も必要だ。流通面に関しては、駅だけでなくコンビニが積極的に無料紙を置くケースも考えられる。潜在的な可能性は充分にあるのではないか」と語る。

○六年一一月に産経新聞社は、タブロイド日刊紙『SANKEI EXPRESS（サンケイ・エクスプレス)』を創刊した。同紙の佐野領副編集長は記者ブログのなかで「新聞に振り分けられる広告の量が相対的に減っていく」なかで、「ジャーナリズムを追求する硬派の新聞でありながら、広告収入だけに頼った新聞というのは存在しえない」と判断した結果であると明らかにしている。朝日新聞社も、〇六年三月三〇日、首都圏の二〇代、三〇代女性を想定読者層とするタブロイド判の無料ニュース紙『ジェイヌード』(月二回刊)を創刊したが、あくまで本紙販売の補完メディアとして位置づけている。

新聞関係者の多くは、通勤客を想定読者層とする無料紙市場が存在すると考えている。同時に、記事コンテンツと流通網を持つ新聞社こそ、この市場に進出するのにいちばん近い位置にいるとも意識している。しかし、その一方で、既存の宅配有料紙への影響を懸念しているようだ。

第六章　だれでも出せる「紙のブログ」

1　高校生たちが挑戦したフリーペーパー発行

資本金一万円の株式会社

フリーペーパーの想定読者層の中心は、新聞を読まない、雑誌も買わない若者たちだ。彼ら自身は、フリーペーパーをどのように考えているのか。東京・上石神井の早稲田大学高等学院で、面白い試みが重ねられている。二〇〇四年から毎年、生徒たちがフリーペーパー、フリーマガジンづくりに挑戦しているのだ。筆者は「社外取締役」として、〇五年度の活動に参画した。

もしだれかが無料紙誌を発行しようと考えたとき、どんなことをどのような手順ですればいいのか。想定読者を絞る。配布ルートを設定する。自分たちが提供できるコンテンツを仕上げる。広告主から資金を集める。これらをどう克服すればいいのか。高校生たちが行った実験は、これらの課題にすべて応えられる、生きた教材になった。

早稲田大学高等学院での実験は、小中学生、高校生への経済教育を事業目的とするNP

パソコンのＤＴＰソフトで誌面づくりに没頭する生徒たち

Ｏ（非営利団体）ジュニア・アチーブメントの活動の一環である「スチューデントカンパニー・プログラム」の一つとして行われている。高校生に資本金二万円（一株一〇〇円を一〇〇株発行）で株式会社を設立させ、事業計画を完遂する体験を通して、生きる力を身につけさせようという教育事業プログラムである。活動期間は冬休みやテスト期間を除く下半期の一六週間だ。

〇五年度のスチューデントカンパニー・プログラムの活動も、会社の設立からはじまった。参加者は一年生から三年生までの計二三人。〇五年一〇月二六日、参加希望者が集まり、投票で「社長」を選出した。二人の三年生が事前に立候補の意思を表明した。

まず候補の一人は、「『ホットペッパー』の高校生版」ともいえる情報提供型無料誌の発行を提案した。クーポン誌、求人情報誌、読み物情報誌の三誌を高田馬場周辺で街頭配布する計画案を示し、「読者のニーズに合わせた、収益性の高い情報誌の発行」を強調した。一方もう一人は、前年度に取締役広告部長を担当した経験を生かし、「高校生向けの『R25』」を提案した。投票の結果、後者の島根洋平君が社長に選ばれた。

まず全員の配置を決めた。島根社長が各生徒の希望を募って配置案を作成、了承された。編集部四人、広告部七人、配布部、管理部各三人、印刷部、広報部各二人、統括部一人。編集部長には、本人の強い希望により一年生が選ばれた。すぐに編集企画会議を開き、記事内容をどのようなものにするか、自分たちが提供できる素材は何か、ということについて論議した。「高校受験をくぐり抜けた経験じゃないか」「高校生ならではのセンスかな」という意見が出た。「早大高等学院を目指す中学生とその親を想定読者にし、予備校や塾を主な広告主とする」という案も出た。

しかし、島根社長は最後の提案には難色を示した。前年度、主催者側から「受験産業は好ましくない。早稲田ブランドを使って、世の受験生や親たちを受験戦争にさらに追い込むのは、いかがなものか」というクレームを受けていたからだ。

想定読者層は「自分たちと同じ高校生」とすることにした。「高校生向けの無料誌はすでに数多く発行されているが、高校生が高校生のためにつくるものは少ないのではないか」（島根社長）との考えからだった。

会社名は、印刷部長に就任した渡辺丈起君の提案を受けて「Primary Wave（プライマリー・ウェーブ）」に決まった。「大きな揺れの前兆となる初期微動」という意味が込められている。自分たちの活動が同世代の大きな揺れ、同世代への大きな影響につながれば、という発想が全員の支持を受けた。誌名はいろいろな案が出たが、『Antenna（アンテナ）』に決まった。読者である高校生に、つねにアンテナを立ててもらい、いろいろな情報を得、高校生活の充実に役立ててほしいという思いを込めた。

コストがかかるマガジンタイプ

次のテーマは発行形態をどうするかということだった。

前年度発行した八ページのタブロイド紙（『半熟卵』＝写真）よりも、マガジンタイプのほうが格好はいいと思ったが、印刷費は比較にならないほど高いことがわかった。資本金は一万円しかない。人件費、配布費の心配はしなくてもいいとしても、製作費、印刷費、製本費は、そのほとんどすべてを広告収入に頼らなくてはならない。すでにいくつかの印刷会社に打診して製作費の検討をしていた渡辺君は、「カラーのマガジンタイプだと、印刷費は一〇〇万円を超えるようだ」と慎重だった。しかし、社員の総意は、「どうせやるなら新しいものに挑戦しよう。広告収入二〇〇万円を目指してがんばろう」ということになった。

生徒たちが１年目に発行した『半熟卵』

有料にするか無料にするかということについても当初意見は分かれた。編集部員の近堂大輔君は、「売れてこそ、記事内容が読者に評価されたことになる。一〇円でも五〇円でも、値段をつけて売るべきだ」と主張。広告部長の恒吉真隆君は、「値段をつけて他誌と張り合うのは難しい。利益を出すだけの広告を集める力を持つことが、良質な誌面であることの証明になる」と無料誌を提案した。全員の考えは、無料に落ち着いた。

編集部は「高校生活を充実させる」コンセプト案を示した。その柱は①活躍中の「スーパー高校生」や有名人の高校生時代をテーマにしたインタビュー記事、②ラクロスやアメリカン・フットボールなど、ややマイナーなスポーツの紹介、③自動車教習所体験ルポ、④世界の高校生、⑤恋愛への提言、などだった。他の生徒たちも、高校のクラスTシャツの紹介、だべり場ガイド、高校生川柳コンクール、携帯機能、青春18きっぷ旅行記などを提案。話し合いの結果、①スーパー高校生インタビュー、②世界の高校生、③面白いアルバイト、④高校生ファッション、⑤高校生の恋愛事情、の五本を企画の柱とすることが決まった。

「スーパー高校生」企画の対象としては、フィギュアスケートの安藤美姫選手や第五七回カンヌ国際映画祭で最優秀男優賞を受賞した柳楽優弥《やぎらゆうや》君の名が候補に挙がった。

安藤選手はちょうど五輪出場を賭けたNHK杯開催の直前で、そうでなくてもマスコミが追いかける高根の花。五輪を目指してがんばる姿は高校生に大きな印象を与えるはずだ。どうやって接触すればいいのか。朝日新聞のスポーツ部に問い合わせたところ、連絡窓口は日本スケート連盟の担当者に一本化されていることがわかったが、基本的に単独インタビューには応じない方針だという。「ダメでもともと」と、島根社長は連盟の担当者に自分たちの思いを伝えるメッセージとインタビューの申し入れをファクスで送ったが、返答はなかった。柳楽君についても、事務所に連絡を取ったが、「スケジュールの都合」を理由に断られた。

行き詰まった「スーパー高校生」に代わる企画として、「有名人に高校生時代を振り返ってもらい、今の高校生にメッセージを送ってもらう」というアイデアが出た。配布部長の竹平悠人君は巨人の斎藤雅樹投手の息子と少年野球時代の仲間で、家も近所だったから、何度か遊びにいったこともある。「巨人の元エースにインタビューしたら絶対、記事になるね」ということになった。

二〇〇六年一月二五日午後、一時間半にわたるインタビューは、和気あいあいとした雰囲気のうちに終わった。近所の公園で、誌面に掲載する写真を撮影した。別れ際に握手した元投手の右手は、ごつごつとしていた。野球一筋の人生があった。「三〇年たったとき、自分の手を見て、歩んだ道のりが想像できるような人間になりたい」と竹平君は思った。

もう一人、歌舞伎界の重鎮、尾上《おのえ》菊五郎氏へのインタビューも実現した。歌舞伎の記事を書くために国立劇場にいった入江康夫君が、いっしょにいった社長の島根君から「ダメもとで取材を申し入れてみたらどうかな」と言われたのがきっかけだった。一月七日、菊五郎氏の事務所に取材申し入れの文書をファクスしたが、このときは公演中のため忙しく、なかなか本人との連絡が取れなかった。事務所に電話をしたときに、後援会の「音羽会《おとわかい》」を「おんわかい」と読んでしまう失敗もあった。それでも一月一九日、インタビューは実現した。三〇分遅れではじまったが、予定を一時間もオーバーした。入江君は「菊五郎さんの印象は、役者だからと威張るというようなところはまったくなく、一人の社会人という感じだった。取材する側の自分に歌舞伎の知識がないにもかかわらず、『歌舞伎は見て楽しむものだよ』と丁寧に答えてくれたのがうれしかった」という。

「目標、広告収入二〇〇万円」

無料誌発行事業の鍵を握るのは、印刷代をどこまで抑えられるか、これを支える広告収入をどこまで伸ばせるかだ。

印刷部長の渡辺君は印刷会社の選定に向けて、早めに動き出していた。費用削減のため、誌面編集はパソコンを使って自分たちで行うことを編集部と確認した。編集部側はこれを受けて、近堂君を編集デザイン担当とし、編集部長の関口拓也君をサポートする態勢をとった。

カラー雑誌を専門にしている印刷会社のホームページから数社をリストアップし、メールで問い合わせたところ、一社から返信があった。「『R25』のような体裁で約二〇ページのものをつくるとすると、一一五万円程度かかる」と言われた。印刷・製本の費用としては一〇〇万円を目安として印刷会社との交渉を進めていくことにした。印刷会社との打ち合わせを通じて、いろいろなことを学んだ。ページだては四の倍数が望ましいこと、ページによって刷り色を変える場合も、四の倍数を基本にしなくてはならないということなどだ。目標は、「二四ページだてオールカラー」ということになった。

印刷部の情報を受けて、広告部は「広告収入二〇〇万円」を目標に掲げた。広告主になってもらえそうな企業を業種別にリストアップし、電話応対マニュアルをつくり、親はもちろん、友人知人のコネクションもたどって広告主を探すことにした。配布部の活動は、できた無料誌を置いてもらう高校のリストアップからスタートした。記事内容が大まかに固まったところで、各校に電話を入れて交渉した。

三月一八日の株主総会に向けて、大まかなスケジュールを立てた。遅くとも三月はじめには発行したい。印刷・製本の工程を考えると、原稿の締め切りは二月下旬がぎりぎりということになる。だが、「社員」の本業は勉強だ。二学期の期末テストと冬休みの間は活動できない。年が明けても一月一一日には二年生の特別テストがあり、二五日から三一日までは三年生の進学先を左右する期末テストがある。このため、記事の執筆と広告取りの作業は、できるだけ年内に進めておくことにした。

広告の営業をするには、誌面の内容を広告主に説明しなければならない。本来なら誌面のサンプルを持っていきたいところだが、見本誌をつくる費用などどこにもない。そもそも、誌面の内容すら固まっていないのでは、動きようがない。

誌面の設計は、二四ページだてオールカラー、記事面は表紙と目次を含めて一八ページ、全面広告が六ページ、目標発行部数は二万部とした。

広告料金は現実の営業活動の過程で改定を重ねることになったのだが、最終的に裏表紙の全面広告が六〇万円、中央の見開き広告が七〇万円、その他のページ広告は二五万円とした。小さな広告は一ページの五分の二のスペースで一二万円、五分の一は六万円とした。この価格で広告を獲得することができれば、広告収入はページ広告だけで二〇〇万円を超える計算だった。

ファッション記事も担当した広告部員の安藤公春君は、取材許可をもらうために川越クレアモールの商店街振興組合の組合長に会いにいったときに、「広告もいただけないか」と打診した。すでに大学生が同様の企画で宣伝料を取り、無料誌を発行していることがわかった。それを読んでみて同じ質の記事を書けると確信、何度も足を運んで、商店街の二店から広告を獲得した。

編集部員の東海林祐君は「携帯電話の広告の対向面に関連記事を入れる」という企画広

告のページを担当した。ａｕのＫＤＤＩと交渉していたが、別のルートから「ＮＴＴドコモの広告が取れそうだ」ということがわかり、急遽、スポンサーを切り替えた。高校生にとって安くて便利な携帯は何かをテーマに、メーカー三社の製品を並べて、公平さを心がけて比較記事を書いた。

記事原稿は順調に集まってきたが、広告収入は年明けになってもなかなか所期の目標である二〇〇万円には届きそうもなかった。高校生が使う商品のメーカーや受験関連会社などに手当たり次第に電話をかけて、交渉を申し入れたが、反応があったのは、ＮＴＴドコモだけだった。「電話をして相手のファクスの返事を待つだけではなく、直接会うチャンスをもっと広げよう」と社長の島根君は社員に発破をかけた。努力が実って、成約は徐々に増えていったが、それでも一月末段階の成約額は八〇万円弱。目標には遠く及ばない。印刷代だけで大きな赤字を出すことになりそうな状況だった。

突き進むか計画中止か、道は二つ

広告収入のメドが立たないことから、どの印刷会社を選ぶかも暗礁に乗り上げた。カラ印刷の条件などから、すでに選択肢は二社に絞られていた。しかし、それぞれに一長一短があった。二つの会社から示された見積もりだと、一つは紙代が安く印刷代は合計で八〇万円台に収まった。しかし、印刷完了とほぼ同時の代金支払いが条件だった。広告収入が入るのは三月なので、借金をして資金をつなぐ必要がある。もう一つの見積もりは、一二〇万円と高かったが、編集スタッフからのアドバイスが期待できるうえ、支払いも三月まで待ってくれるという。しかし、こちらに発注するためには、あとひと月のうちに五〇万円以上の広告を集めなければならなかった。

「モノクロのタブロイド紙に変更して製作コストを下げよう」という意見も出たが、すでに約束した広告主には「カラーのマガジン型式」と説明している。変更はできなかった。最後まで広告集めの努力をするか、事業計画を中止にするか、道はこの二つしかなかった。

二月一日の取締役会。全員が意見を出し合い、最終決定は社長である島根君の経営判断に委ねられた。「料金の高い印刷会社を選定し、全員が本気で広告を集める」というのが結論だった。

このときから生徒たちの目の色が変わった。これまで電話でしか営業をかけてこなかったところにも、足を使って回ることにした。二週間後、二件の大きな契約が成立した。一つは、島根君が探し出した小さな塾の全面広告三〇万円。もう一つは、広告部長の恒吉君がアタックしたリクルートが、裏表紙の広告に四〇万円を出してくれることになった。このほかにもベネッセコーポレーション、自由が丘産能短期大学、キヤノンなどからも広告が次々に入り、これで広告収入は合計一九一万円（消費税込み二〇〇万五五〇〇円）となった。結果的には当初予定していた記事原稿三本をボツにしなくてはならなくなった。広告収入が予定を上回ることは確実になったので、発行部数は最初の予定より五〇〇〇部増やし二万五〇〇〇部とすることになった。

２年目に発行したフリーマガジン『アンテナ』

二月六日、島根君と編集部、印刷部のメンバーは印刷会社に顔を出し、担当者とスケジュールを話し合った。発行日を三月三日の金曜日として逆算すると、印刷は二月二七、二八日、編集作業としては二月二〇日に責了、二三日に最終的な直しを確認して校了とすることに決まった。誌面の制作はパソコンのDTPソフト「イラストレーター」を使って、自分たちでやった。八人がそれぞれ三、四ページを担当し、自宅や印刷会社の校正室にこもって二週間で誌面をつくり上げた。そして三月三日午前、青と黒を基調にした表紙の無料誌『アンテナ』が印刷会社から運び込まれた。

『アンテナ』は、首都圏の一八高校に全校生徒への配布を、三六高校に希望者への配布を依頼した。一九の中学校、六カ所の塾にも運ばれた。警察の許可を得て、渋谷駅前などで五〇〇部を街頭配布した。キオスクの店員から「隅っこで配りなさい」と注意される一幕もあり、無料誌の配布をめぐっては、ふだんは目に見えない問題もあることを学んだ。

「純利益一〇万二八一一円」

三月一八日、スチューデントカンパニー・プログラムに参加した五校の「株主総会」が東京・六本木で開かれた。「株式会社　プライマリー・ウェーブ」の取締役七人が壇上に上がって、一人ずつ担当事業についての報告をした。「資本金一万円、売上金一九一万円、純利益一〇万二八一一円」という報告に会場は沸いた。利益のうち一〇万円は株主に一株

（一〇〇円）当たり一〇〇〇円という高配当で分配された。残る二八一一円は株主総会の映像記録費用に充てられた。

広告部員の杉田卓君は「社員」の代表として、「実感したのは信用の大切さ。信用は責任を果たすことによって生み出されると知りました。もらった広告料に見合う価値を媒体に持たせる責任、頼まれた日、時間に確実に届けるという責任を背負ったとき、これらを果たすことが信用を得ることにつながる。責任という言葉にこれまで義務的な意味ばかり連想してしまった自分にとっては、新鮮だった」と話した。

株主総会の出席者に配られた『アンテナ』増刊号には、二三人の「社員」たちのそれぞれの思いが綴られている。

「そこで得たことは、とことん議論をし、物事を明確に鋭く見ることです」（島根君）

「多難極まるイバラの道でした。（中略）一度は誰もが見限ったであろう目標の額に手が届いたのです。社員全員で成し遂げた、奇跡といってもよいほどの結末」（恒吉君）

「人の紡ぎだした言葉にはその人の心がある、とも信じている」「（記事を削り、企画自体をつぶす）『編集長』になるということが既に、罪を作り出すということだった。（中略）社

員全員に対する裏切りに、私は戦慄した」（関口君）

「会社の利益のために個人の気持ちを無視するやり方に（一時は）嫌気がさした」（近堂君）

生徒たちは、紙媒体発行事業の課題である「読者へのメッセージ伝達と収益確保のどちらを優先するのか」という問題を、体験を通じて考えたことになる。

2　大学キャンパスは大きな市場

四五団体四六紙誌がエントリー

高校生だけでなく、大学のキャンパスにはすでに数多くの学生たちの手によるフリーペーパーがあふれている。二〇〇六年末、キャンパスそのものが無料紙誌の巨大市場であることを物語る出来事があった。

学生フリーペーパー日本一を決定するイベント「Student Freepaper Forum（スチューデ

ント・フリーペーパー・フォーラム）」が一二月一〇日の日曜日、東京で開かれた。グランプリを目指す全国四五団体の学生たちが発行するフリーペーパー四六紙誌がエントリー。会場は、全国から集まった二〇〇人以上の大学生で埋まり、熱気に包まれた。

このフォーラムを企画したのは、中央大学三年の山川雄志君と明治大学三年の櫻木幹也君。それぞれ独自にイベント会社を立ち上げ、共同で全国のフリーペーパーを発行する大学生に参加を呼びかけた。「フリーペーパーを発行する学生は増えているが、業界のプロとの接触の機会が少なかった。学生が業界をゆるがす大イベントを、と考えた」と山川君。協賛企業をゴールド（三〇〇万円）、シルバー（一〇〇万円）、ブロンズ（五〇万円）の三ランクに分けて募ったところ、求人誌発行のアルバイトタイムス社がゴールドのメインスポンサーに名乗りを上げた。コンテストの審査委員の一人に筆者もたまたま選ばれた。

大会当日の決勝コンテストに残るフリーペーパーを、事前に選んだ。企業などの団体から制作を依頼されたものではなく、自分たちの意思によって発行したもので、営業、コンテンツ制作、配布までを学生自身が行っていることを前提に、①広告の妥当性、②コンテンツの面白さと独創性、③適正な流通方法、を審査基準とした。この基準にのっとり、採点していった結果、四六紙誌のなかから、四誌が勝ち進んだ。

明治大学がグランプリ

『kirajyo（キラジョ）』は都内の女子学生がつくった女子学生向けフリーマガジン。『LAS（ラス）』は、携帯サイトにつながる読み取り用二次元コードを掲載したクロスメディア型。『QooRan（クーラン）』は千代田区の協賛店舗事業に協力する形をとった地域興し型の読者書き込みマガジン。『WASEDA LINKS（早稲田リンクス）』は早稲田大学の原点をアピールするキャンパスマガジン。それぞれの発行団体のメンバーが代わる代わる壇上に立ち、自前のフリーマガジンの魅力をアピールした。

筆者を含む五人の業界のプロによる審査を経て、グランプリには明治大学の『クーラン』が輝いた。

青山学院大など都内の女子学生がつくる『キラジョ』

『クーラン』が他のフリーペーパーと異なるのは、まず自治体とスクラムを組んだことだ。キャンパスがある千代田区と提携し、区内約一〇〇〇店舗と交渉し、案内広告を出して協力することを条件に、発行経費二三三万円の九割を超える二一〇万円の補助金を呼び込んだ。もう一つの特徴は、お店の紹介欄に空欄を設け、そこに読者自身の感想を書き込むスタイルを採り入れたことだ。代表の鈴木駿之介君が、ウェブの世界で広がっているSNS（ソーシャル・ネットワーキング・システム）を知って思いついた。「詳しい情報を一方的に流し込むのではなく、向こう側つまり読者の参加によって完成させてもらうことを考えた」という。

山川君が経営する会社の調査によると、全国の大学生フリーペーパーは一五〇団体が二四〇万部から三四〇万部を発行。約一〇〇大学のキャンパスで配られ、その市場規模は二億五〇〇〇万円から三億円にのぼるという。

翌〇七年も一二月二日に第二回が開かれ、東大生らが発行する『合格サプリ』と、美大生・芸大生らがつくる『PARTNER（パートナー）』、京都市内の大学生らの『CREW（クルー）』が決勝に進出し、『合格サプリ』がグランプリを獲得した。

この実態を知って、フリーペーパーの「フリー」には「自由」という意味もあると筆者は実感した。紙面内容の企画から想定読者層を設定し、それに見合った配送手段を選ぶ。書店やキオスクなどの流通経路に縛られることはない。魅力的な紙面内容で、想定読者層に確実に届くなら、広告主は高校生や大学生にもお金を出す時代なのだ。

第七章　有料と無料の違いって何だ？——吉良俊彦氏との対談

フリーペーパーは、どこまで紙面の質を追求できるのだろうか。受けて立つ有料の新聞や雑誌が守る砦《とりで》はどこか。フリーペーパーとその他の紙メディアの将来について、電通の元雑誌第三部長で、日本の雑誌に詳しいターゲットメディアソリューション（TMS）代表の吉良俊彦さんと筆者が対談した。フリーペーパーの研究会「フリーペーパー懇話会」が二〇〇七年一月一一日に東京で行った対談講演「バトルトークセッション　無料誌か有料誌か」である。

雑誌を支えてきた昭和三〇年生まれ

稲垣　雑誌がなかなか売れない時代になっています。雑誌はどんな形で復権するでしょうか。もう一つは、フリーペーパーはきちんとした広告効果を広告主に証明できるだろうか、誌面の質をどこまで追求できるか、限界があるとしたらどこだろうか、と考えるわけです。

吉良さんの著書『ターゲット・メディア主義』を読んで開眼したのは、ユニークな世代論です。戦後、日本に生まれたすべての雑誌が「リーダーシップ世代」をターゲットにしてきた。それは「団塊の世代」ではなくて、昭和三〇年生まれからはじまる、その次の

「ポスト団塊の世代」だと。

実は僕も昭和三〇年生まれです。その上にいる「団塊の世代」、それから彼らの子どもたちである「ポスト団塊ジュニア」は、いずれもテレビ世代で、雑誌のリーダーシップ世代ではない。それぞれの世代が成長していくにしたがって、メディアの状況も変わっていくという指摘に説得力がありました。リクルートの『R25』の想定読者層である「団塊ジュニア」への照準の合わせ方もそこに関係していたと思います。

吉良 僕は昭和三〇年生まれを「リーダーシップターゲット」の入り口と表現しています。リーダーシップのリーダーという意味は、本を読む人というリーダー（reader）と、指導者になるというリーダー（leader）を掛けた言葉です。日本の活字文化をしっかりと継承しながら伝えていくのに必要なのは、文章である。文章は、書く者の志をもってつくり出されなければならない。雑誌の「誌」という字は、志をもって言うって書きますよね。僕は、志をもって語られているものに対して、読者がお金を払ってしっかりと読んで、その志を受け継いでいくという雑誌の持つ文化性が大切だと思っています。戦後の「団塊の世代」の成長期にテレビが生まれましたが、雑誌メディアの継承者である「ポスト団塊の世代」が活字文化を的確に語りつづけていくはずだ。これが僕の「リーダーシップターゲット論」です。

団塊の世代はテレビの成長に符合するように成長してきました。これに対して、テレビが大衆というものをつくったとするならば、昭和三〇年生まれ以降の世代は、「アンチ大衆」。「人と同じことをしたくない」「自分は自分である」というような意思を非常に強く持っている世代です。僕もその世代ですが、この世代の成長を追ってみると、雑誌メディアの成長と符合するのです。昭和三〇年生まれの人たちが、今日のティーンエイジの源をつくった原点だった。一五、一六歳のまさにティーンの多感期に、『anan』『non-no』が生まれたんですね。そして、とくに女性たちの多くが短大を卒業して社会に出ていったとき、すなわち一九七五（昭和五〇）年、リーダーシップターゲットが二〇歳のときに生まれたのが『JJ』です。短大を卒業して社会に出ていく七七年につくられたのが『MORE』。二五歳のときにできたのが『25ans（ヴァンサンカン）』です。その世代がもうすぐ三〇歳になるころに、『CLASSY.』が創刊され、ぴったり三〇歳になったときに『オレンジページ』が創刊される。これはファッションからエプロンという世界観への切り替わりです。

以上のような流れを見ていくと、リーダーシップ世代が日本の新しい活字文化の基礎をつくったと確信できます。その中心になった出版社が、マガジンハウスと集英社、光文社と婦人画報社（現アシェット婦人画報社）でした。

家庭内でいつもテレビを見ている家では、子どももテレビを見ている。家庭内にいつも雑誌のある家は当然子どもたちも雑誌を見て育つ。必然的に親の姿を見て子どもは育っていく。親の日常生活は非常に重要ですね。「団塊の世代」はテレビ全盛の大衆世代だったのでテレビ中心に生活している。家でいつもテレビを見ているわけですから、子どもたちもテレビを見る。ということで、活字にやや距離のある「団塊ジュニア」が生まれたわけです。「団塊ジュニア」の象徴的なものにルーズソックスがあります。彼ら自身の問題ではなく、それを履かせた親の問題。つまり、人とまったく同じものをよしとするファッション感覚がこの国にはある。「日本人はどうしてみんなと同じ格好でいいのか」と著名なデザイナーが疑問を呈していましたが、まったくそのとおりだと思います。もちろん僕なら「ほかの子がしている格好は絶対するなよ」と自分の娘には言いますね。

『R25』は非常にうまいなぁと思った。活字をいつも読んでいる人にとって『R25』の活字量は物足りないですよ。しかし、あの情報量で充分だと思う人もいるのです。日常的にテレビを見ている人たちにとってみたら、あの情報量で充分。僕は『R25』が出たとき、「お、よかったな」と思いました。つまり「団塊ジュニア」が活字に近づくきっかけができた。これはたぶん何かが動くぞと。テレビは無料のメディアです。無料の感覚のなかで、活字に触れるきっかけが生まれたということは、雑誌界にとってプラスなんじゃないのかなと思い、この雑誌の成功を確信しました。

部数ではなく誌面の質で勝負

稲垣　僕は新聞社の人間だから新聞を毎日読んでいますが……（笑）。ここのところ雑誌は冬の時代が続いています。創刊されて当たったものは『LEON（レオン）』くらいしか記憶にありません。全体に売り上げは落ちていますね。

吉良　出版社を総合的に見て冬の時代かっていうと、実は全然そうは思っていないんです。メディアには販売収入と広告収入という二つの大きな収益源がありますが、とくにファッション誌は部数が上がりすぎないほうがいいわけですね。部数が上がらないで広告費が上がっていけば、出版社としては最大の収益効率を上げられる。実際に広告主にとっても量よりも質であると。コストパフォーマンスのいいものを買ってくれたほうがいいんですよ。たとえば、メルセデスベンツを売るときに、安いAクラスを一〇台売るよりも、高いSクラス一台を売ったほうがいい。Aクラス一〇台を売るには一〇人のセールスマンが必要になります。Sクラス一台を売るには一人で充分です。一人が動いて一台売れたときの利益幅は、金額が高いものほど大きいわけです。

そういう考え方をもって広告を売ってもらえるならば、雑誌は生き返る。たくさんの読者に届くマスメディア的な世界観のなかにどっぷりとつかった大半の日本人の頭の構造を変えなければいけないと思っています。部数は、ある程度あればいい、ともかく質が重要であると。質を追求していくことがメディアの変革につながっていくという確信を持っています。雑誌にとっての冬の時代にあって、いろいろな戦略を考え直さなくてはいけない。広告会社も、「質の高い広告が入ればいい」という考え方に変わってきている。

この傾向を考えていくと当然、マスを前提にした報道系メディアに限りなく近い週刊誌は、必然的に部数が下がります。いわゆるエンターテインメント情報系雑誌も、ウェブやフリーマガジンのパワーに押され、当然部数は下がります。人口が少なくなっていくことによって、コミック誌も直接的な影響を受け部数を落としている。

ところが、もともとの部数が三万から一〇万くらいで充分であるという雑誌メディアの存在価値は、昔よりもはるかに高まってきている。われわれが見据えなくてはいけない価値観は、そこにあるのではないかと思います。『レオン』のような大人の男性をターゲットにした世界に自分自身がかかわったように、いま最大の課題は男性です。次なるステップとして男性市場があると思っているので、雑誌はまったく不動のメディアであるというふうに確信しています。

フリーペーパーには有能な編集長が必要

稲垣　フリーペーパーは、リクルートやレゾナンスなどがんばってるところは目立つけれども、有料誌と勝負できるような誌面の質を持ったものがまだ少ないですね。僕の知らないところで、お金持ち相手のフリーペーパーもいろいろ出てきたようなので、これからもっと掘り起こして調べていかなければと思います。

吉良　質の高い誌面をつくり出すには、やはり有能な編集長が必要です。名物編集長がこの本を手がけているというレベルにまだフリーペーパーはきていない。高級感は簡単に出せるものではなく、クリエイティブな力がすごく必要ですからね。新聞的なものがすぐ翌日に雑誌的なものに変わるほど簡単だったら、成功する雑誌はもっといっぱい出てくるはずですが、実際そうはいかない。フリーペーパーのブームに乗って、マネをするものばかりが増えると、全体の質はどんどん下がっていく。今そこに陥っているのかなとも思います。しかし、フリーペーパーの市場そのものはすごく大きいと感じています。有名な編集長がつくるフリーペーパーが出てくると面白いですね。

稲垣　期待したいですね。吉良さんは「フリーペーパーはインターネットへの紙媒体の逆襲、反逆だ」と言っています。そのとおりだなと思います。マクルーハン父子が『メディアの法則』のなかで、「強化」、「衰退」、「回復」、「反転」の四つの副作用をあげています。フリーペーパーは紙媒体の「回復」もしくは「反転」であるととらえられますかね。

エンターテインメントの主役が次々交代

吉良　メディアをめぐる戦いは、かつて日本でもいっぱい起こっています。新しいメディアが誕生すると、すぐ古いメディアはなくなると言われたりしますけれども、メディアは、戦いながらなくなっていくのではなくて、枠組みを広げていきながら強固になっていく。その強固なところを組み合わせることがメディアミックスであり、広告戦略ですよ。だからメディア界の人たちが、メディアを単体として見ながら、そのなかで「勝った」とか「負けた」ということはナンセンスな発想だと思う。メディアの組み合わせによって、面白くなっていくわけですから。増えていけば増えていくだけ面白くなっていくわけですよね。「クロスメディア」なんて、もういまさら言わなくても昔から新しいメディアが生まれるたびに誕生していた。テレビが生まれたとき、新聞とテレビはクロスメディア状態になったわけです。

主役の座が移り変わるバトルがいちばん激しく繰り広げられているのが、エンターテインメント分野です。広告会社の新聞局を見ると、映画担当が必ずいます。つまり映画はエンターテインメントの中核である。流通担当もいます。映画とか流通という新聞の中核だった部分に対して、激しいアタックをかけたメディアが『Tokyo Walker（東京ウォーカー）』を中心としたいわゆるエンターテインメントメディアだったわけで、その源流に『ぴあ』がありました。『ぴあ』でジャンルになっていなかったところに、女性向けの『Hanako（ハナコ）』が生まれた。エンターテインメント分野は、新聞のなかで映画欄を見るのではなくて雑誌で見るものである、という考え方に移行したのです。

飲食店の分野ももともと新聞の世界だった。これを九〇年に創刊した『ウォーカー』を含めた各都市の複合ウォーカー雑誌が奪った。それらが全盛期を迎えた九五年から数年後にIT革命が起きた。これは情報エンターテインメント革命でもあった。つまり、IT革命のなかの主役であるインターネットと携帯（モバイル）、このダブルメディアが徹底的にアタックを仕掛けた相手が『ウォーカー』を中心としたエンターテインメントマガジンだったということですね。インターネットに完膚なきまでに、叩きのめされそうになったとき、これを許すまじと、ウェブに対抗して激しい逆襲を仕掛けたのがリクルートの『ホットペッパー』でした。この『ホットペッパー』がフリーマガジンとしての確固たる地位をつくったのは、クーポンを含めた営業戦略よりも、一ページのなかで、「この居酒屋のほうが安い」といった比較性を表にして、雑誌の特性を全面的に出して動かしていったことによります。

『ホットペッパー』をつくって、絶対的有利といわれているウェブに対して雑誌がこれだけの力を見せつけた。ただし、何が起こったのかというと、有料だった『ウォーカー』系のエンターテインメント分野の情報が無料になり、生活者たちの財布の紐をゆるめさせただけだった。世の中の人たちに代わって、スポンサーからお金をいただく形で、収益形態を維持したということです。

稲垣　ここ数年フリーマガジンが数多く出てきた背景は、だれにお金を払ってもらうかということよりも、だれに届けるにはどうしたらいいかという流通の開発がいちばん大きかったろうと思います。有料の雑誌はやっぱり本屋さんで売るしかなかった。町の本屋さん自体が今非常に減っている。つまり、自分が届けたいところ、届けたい人がいるところにきちんと届けられるという、独自の流通方法をフリーマガジンが開発していったところに大きな変化があったと思っています。

吉良　今を「情報ゼロ円」の時代にしたのは、ウェブの力ですよね、とくにエンターテインメントの分野で。ただし、ファッションとかコスメティックなどの分野は、僕自身が専門にしてきた有料誌の世界では、まったくもって揺るがないコンテンツです。自社のホームページはもちろんつくりますけれども、メディアとしての雑誌使用率は落ちているかというと、この数年間ほとんど落ちてない。上がっているくらいです。なぜならば、ターゲットは絞り込まれれば絞り込まれるほどよいからです。

フリーペーパー指向の読者像

稲垣　吉良さんは、情報を「報道」と「情報」の二つに分けて表現しています。これは、要するに情報はマスと個に分かれるということですかね。僕なりに食べ物に即して解釈すると、「報道」は、毎日食べるご飯とか卵とか、生活必需品レベル、つまり日々健康に生きていくための基礎食品だと思っています。これに対して「情報」は、個々の人間が自分の好みで食べるもの、嗜好性の高い珍味や高級なグルメだろうなと考えます。

一方、ネットの検索情報は本当にすごく、紙ではとても盛れないくらいの深さと幅があって、しかもリアルタイムで自分が好きなときに、すぐに調べられるというお化けみたいなメディアです。

『ホットペッパー』がネットに対する逆襲だったと吉良さんは言うけれども、実際はそういう意図はなかったようです。リクルートによると、本当はネットでやりたかった。しかし、当時はまだインターネットが、とくに地方では充分に普及していなくて、とりあえず紙でやろうということになったそうです。現実に、リクルートの雑誌の行く末を見てみるとわかることは、最初は有料誌で、その後無料になって、それぞれなくなって最後はネットになっていくという流れがある。検索型の情報誌はだんだんネットにシフトしていっています。

吉良　百科事典は、ネット化したほうがよいと思いますが。やはり志をもって書かれたものを読む人たちが、そこから何を感じ、どう行動するか。何かが欲しくなったり、旅行に行きたくなったりすること、それが大切だと思います。それに必要なのが雑誌の文章力であり、編集者のソフト能力である。当事者として何をもって人々に影響を与えたいのかと。つまり、メディアの原型は何かというと、そこに介在する人間が人と人との間に入って、人をこう変えたいんだと。雑誌はそういう主体的なメディアだと僕は思っています。新聞が世の中の出来事を伝える役目があるのに対して、読者にメッセージを送り出す情報の担い手の中核は、雑誌であると思っているんです。僕が雑誌を好きなのは、読者の「自分だけの情報が欲しい」というニーズに応えたいからです。

稲垣　有料誌と無料誌は、つまるところどこが違うのだろうといつも考えています。書いてある記事内容や体裁など同じでも、配り方が違う。しかし、もっと決定的に違うのは、読者がリアルな紙の束を手に取るためにアプローチする仕方そのものではないか。そこが根本的に違うと思います。

「有料誌は読者が選ぶもの、フリーペーパーは読者を選ぶもの」という言葉がフリーペーパー業界にあります。「ほかの人と一緒じゃ嫌だから自分からそれを求めたい」という人はたぶん有料誌を買う人ですよ。僕はどちらかというとそっちのほうかな。ただ一方で、自分が読者に選ばれることが快感である人もいるんですね。つまり、「あなたはこの雑誌を無料で受け取るべき人です」と、向こうからきてくれることの喜びというのもあるのではないか。

つまり、メディアに受け手がどうアプローチするか。自分からいきたいのか、相手からきてくれたほうがいいのか。これは恋愛の仕方に似ているかもしれない。好きな相手に自分から告白し、追いかけるのが好きな「愛したいタイプ」か、相手から告白されたい「愛されたいタイプ」か。政治家でいうと、田中角栄に代表される、金と力でトップの座を狙う「覇道タイプ」か、宮沢喜一に見られるような、まわりの人たちから推されてポストを手に入れたい「王道タイプ」か。結局こうした物や人に対する人間の指向性の違いに依存するのではないか。要するに、対人関係や情報へのアクセスについて、能動派か受動派か。そこにフリーペーパーの模索すべき道、浸透させる秘訣《ひけつ》があるのかなという気がします。

おわりに

アンデション氏との運命的な出会い

フリーペーパーの世界に踏みいって、最も印象深かったのは、スウェーデン『メトロ』創案者ペッレ・アンデション氏との偶然の出会いだ。

二〇〇五年五月、ソウルで開かれた世界新聞大会で、アンデション氏が声をかけてきた。筆者が質問に立ち、日本でフリーペーパーを研究していると自己紹介したことがきっかけだった。当時、いちばん話を聞きたかった人物が思いも寄らず、目の前に現れるとは。早速、インタビューを申し入れた。情報の送り手は記事内容と引き替えに読者からもらった時間を広告主に売っているということ、つまり、すべて広告に依存した報道も言論の独立性を保って成り立つのだという氏の主張は、目からうろこだった。

『メトロ』に代表される日刊無料紙は、大都市の通勤圏を市場とするため、市場規模は限定的である。七紙が競合して一紙が休刊に追い込まれたソウルに象徴されるように、損益分岐点に達する無料紙は二紙が限界。しかも、先行者有利が著しく、早い者勝ちの市場であるようだ。日刊無料紙のほとんどが、新聞を読まない若い世代（フリー・ジェネレーション）を想定読者層に掲げているものの、少なくともスペインでは、現実の主要な読者層は、女性や移民など低所得者層だった。

日本のニュース市場に挑戦した日刊無料紙『ヘッドライン・トゥデイ』が挫折し、週刊紙に転じた経緯は、この国の市場の参入障壁の高さを浮き彫りにした。同紙が挑んだ五、六年前にくらべ、地下鉄など各社のラック設置や読者・広告主の理解など、首都圏で日刊無料紙を発行できる条件は整いつつある。しかし、発行に必要な報道記事が、通信社や新聞社などから提供されない限り、実現できないという状況に変わりはない。とはいえ、新しい広告収入確保と影響力維持のために、日刊無料紙の発行に新聞社自らが踏み切る可能性はある。

配布ポイントが成否の鍵を握る

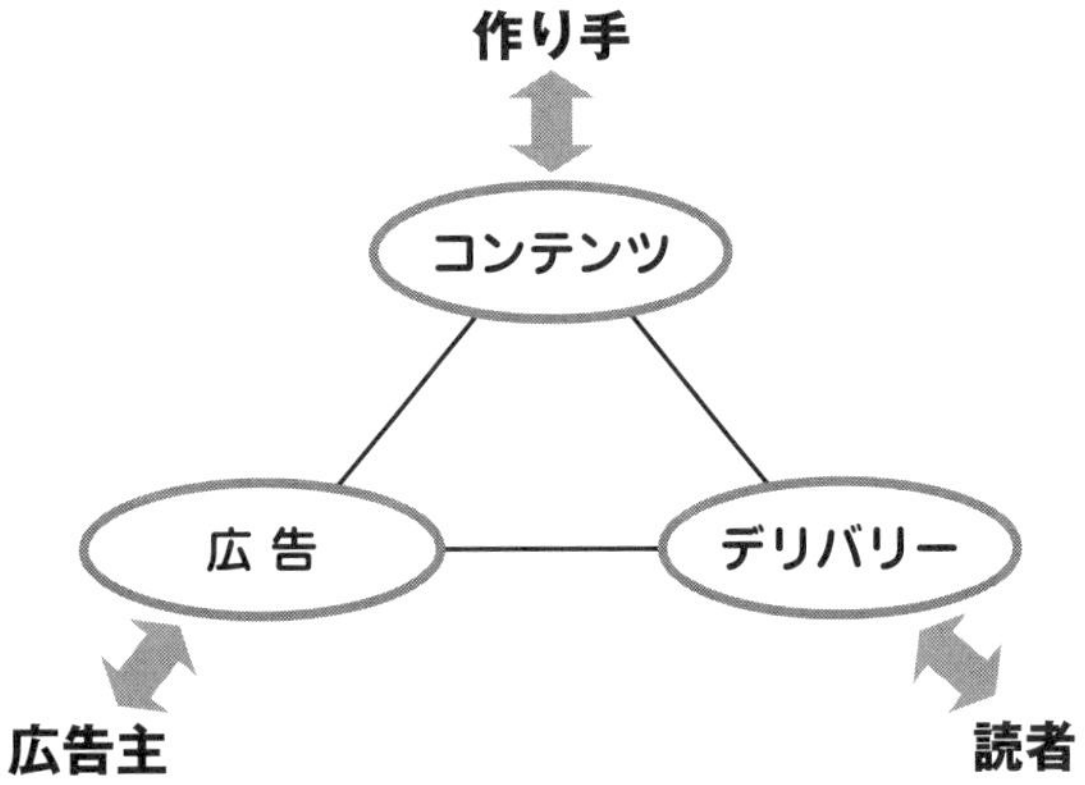

図3　フリーペーパー経営の三大要素

フリーペーパーの経営を成り立たせる土台は、記事内容、広告確保、配布方法の三つである（図3）。記事と広告は有料紙誌にも共通するものだが、フリーペーパーにとっては固有の配布方法、とくに配布ポイントの設定が経営の成否の鍵を握る。配布方法はＰＵＳＨ型（街頭配布や戸別配布）とＰＵＬＬ型（ラック設置や職域配布）に分かれ、どの配布方法を選ぶかを決定づけるのは、想定読者が集まる配布ポイントだ（五四ページ参照）。フリーペーパーは配られる場所によって広告主も記事内容も変わってくる。つまり配布ポイントがほかの要素を決定づけると言っても過言ではない。発行主は、設定した想定読者層に確実に届く配布ポイントと配布方法を保証したうえで、広告主と契約する必要があるからだ。

現在ほとんどのフリーペーパーが配られる場所は、人々が好むと好まざるとにかかわらず頻繁に訪れる駅やコンビニ、大型店、ファーストフード店、オフィス街、学校などだ。今後、読者層を細かく切り分けたフリーペーパーが増えると、配布ポイントは趣味性の強い場所、すなわちレストランや美容院、ライブハウス、映画館などにシフトしていくだろう。

一方、人海戦術による全戸配布システムには、フリーペーパーを超えた事業の可能性が広がっている。自治体が広報紙の全戸配布にフリーペーパーを利用しはじめた。〇四年七月の参議院選挙の際にＪＡＦＮＡが行った加盟社アンケート調査では、回答三七社のうち二一社が、政党や総務省、自治体の選挙管理委員会の選挙広告を掲載した。〇三年一一月の衆議院選挙からフリーペーパーに出稿している総務省や政党の選挙対策責任者は、無党派層や無関心層、女性へのアプローチと到達率を高く評価している。

自前の宅配網を別の事業の情報収集の道具として活用しているものがある。鹿児島県で『リビングかごしま』などを発行する南日本リビング新聞社は、折り込んだアンケート用紙を回収して各世帯の情報を集めコンピューターに蓄積、個人情報保護法による歯止めはあるが、さまざまな客の要求に対応ができるようにしている。

情報紙からコンテンツ勝負の媒体へ

フリーペーパーの広告効果を他の媒体とくらべると、テレビが商品や企業の「印象」を効果的に伝えるのに対し、フリーペーパーは折り込みチラシやインターネットとともに、商品の「理解」に貢献する特徴を持つ。つまり他の媒体とのメディアミックスによる相乗効果が期待できる。

グルメ、求人などの無料情報誌は、数年後に姿を消すという大胆な予測もある。何を知りたいか、何を買いたいかがはっきりしている読者や消費者は、今後すべてインターネット検索に向かうからだという。本当に消滅するかどうかわからないが、フリーペーパーは、こうした顕在ニーズと対をなす潜在ニーズを引き出す「気づき」と「出合い」の媒体紙に、その重心を一段とシフトさせることだろう。

マス四媒体にインターネットが加わった多メディア時代に入り、フリーペーパーは特定

数年、地下鉄の読者に的を絞ったターゲットメディアとして広告業界から見直された。そしてここ数年、配布場所の確保と配布方法の改良が、リクルートやFMNを軸に急速に進められ、地下鉄駅構内やデパート、大型店など、人々が集まる配布ポイントの争奪戦が全国で展開されている。この陣地取りがいち段落した後、フリーペーパーの競争は、やはり企画記事など本格的なコンテンツをもって繰り広げられるに違いない。

高校生たちとともにフリーペーパーをつくった経験や、大学生たちがキャンパスを飛び出してフリーペーパーを発行している現実を踏まえ、フリーペーパーはだれもが発行できるビジネスモデルだと実感した。だからこそというべきか、自由にフリーペーパーを発行できるのは個人だけではないこともすぐに想像できる。

広告主はインターネット上で自らのサイトを持ちはじめ、既存のメディアを通さずに消費者を直接囲い込む手段を手に入れた。まさに企業のメディア化である。これに組み合わされる紙媒体も同じように、消費者を呼び込むメディアとして、フリーペーパーの広告主だった企業自身がフリーペーパーを発行するようになった。かつてのカタログ誌、ＰＲ誌の分野が、読み物を載せて固定読者にサービスするフリーペーパーに進化しはじめている。

多くの企業が独立系の編集プロダクションや広告会社と契約し、自社の製品やサービスに特化したフリーペーパーを発行するようになれば、メディア産業はそのコンテンツ企画開発力を問われ、広告会社も経営戦略を根本的に変えざるを得ない状況になるだろう。

＊

本書は、朝日新聞社が発行する月刊リポート誌『ＡＩＲ21』での連載「フリーペーパー研究1〜12」（〇五年三月号〜〇七年一月号）に大幅な加筆と修正をほどこしたものです。フリーペーパーの移り変わりはまことに激しく、この新書が発行されるころには、さらに新しい動きが次々に生じているに違いありません。連載にあたっては岡本行正氏（元朝日新聞ジャーナリスト学校主任研究員）から多大なご指導を、加筆と修正については、集英社新書編集部の大浦慶子さんに貴重なご助言をいただきました。ここに感謝の意を表します。

参考文献・資料

『日本のフリーペーパー２００６』日本生活情報紙協会　二〇〇六年

『平成19年度版　書店経営の実態』トーハン　二〇〇七年

電通総研編『情報メディア白書２００７』ダイヤモンド社　二〇〇七年

『平成17年　大都市交通センサス首都圏報告書』運輸政策研究機構　二〇〇七年

『広告動態調査　２００６年版』日経広告研究所　二〇〇六年

秋山隆平、杉山恒太郎『ホリスティック・コミュニケーション』宣伝会議　二〇〇四年

吉良俊彦『ターゲット・メディア主義』宣伝会議　二〇〇六年

マーシャル・マクルーハン＆エリック・マクルーハン　高山宏、中沢豊訳『メディアの法則』ＮＴＴ出版　二〇〇二年

エリック・マクルーハン＆フランク・ジングローン編　有馬哲夫訳『エッセンシャル・マクルーハン―メディア論の古典を読む』ＮＴＴ出版　二〇〇七年

廣瀬英彦『世界のフリーペーパー１〜18』「ＪＡＦＮＡ通信」二〇〇四年一〇月一日号〜〇七年八月一日号

稲垣太郎（いながき　たろう）

一九五五年、東京生まれ。七八年、早稲田大学政治経済学部を卒業し、朝日新聞社に入社。仙台、新潟支局から名古屋本社、東京本社、北海道支社で整理部勤務。総合研究本部（後にジャーナリスト学校）などをへて、デジタルメディア本部勤務。早大大学院社会科学研究科修士課程で現代メディア論専攻。早大メディア文化研究所客員研究員。

フリーペーパーの衝撃《しょうげき》

集英社新書〇四二四B

二〇〇八年一月二二日　第一刷発行

著者……稲垣《いながき》太郎《たろう》

発行者……大谷和之

発行所……株式会社集英社

東京都千代田区一ツ橋二-五-一〇　郵便番号一〇一-八〇五〇

電話　〇三-三二三〇-六三九一（編集部）
〇三-三二三〇-六三九三（販売部）
〇三-三二三〇-六〇八〇（読者係）

装幀……原　研哉

印刷所……凸版印刷株式会社

製本所……加藤製本株式会社

定価はカバーに表示してあります。

ISBN 978-4-08-720424-7　C0236

Printed in Japan

a pilot of wisdom

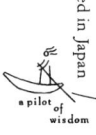